JL MANSUY

BIBLIOTHÈQUE
DES ÉCOLES ET DES FAMILLES

BAKER

L'AFRIQUE ÉQUATORIALE

PARIS
LIBRAIRIE HACHETTE ET Cie
79, BOULEVARD SAINT-GERMAIN, 79

L'AFRIQUE ÉQUATORIALE

RÉCIT D'UNE EXPÉDITION ARMÉE

AYANT POUR BUT LA SUPPRESSION DE LA TRAITE DES ESCLAVES

PAR

SIR S. WHITE BAKER

SIR SAMUEL WHITE BAKER, PACHA

BIBLIOTHÈQUE

DES ÉCOLES ET DES FAMILLES

L'AFRIQUE ÉQUATORIALE

RÉCIT D'UNE EXPÉDITION ARMÉE

AYANT POUR BUT LA SUPPRESSION DE LA TRAITE DES ESCLAVES

PAR

SIR S. WHITE BAKER

ABRÉGÉ PAR H. VATTEMARE

TROISIÈME ÉDITION

PARIS
LIBRAIRIE HACHETTE ET Cie
79, BOULEVARD SAINT-GERMAIN, 79
1890

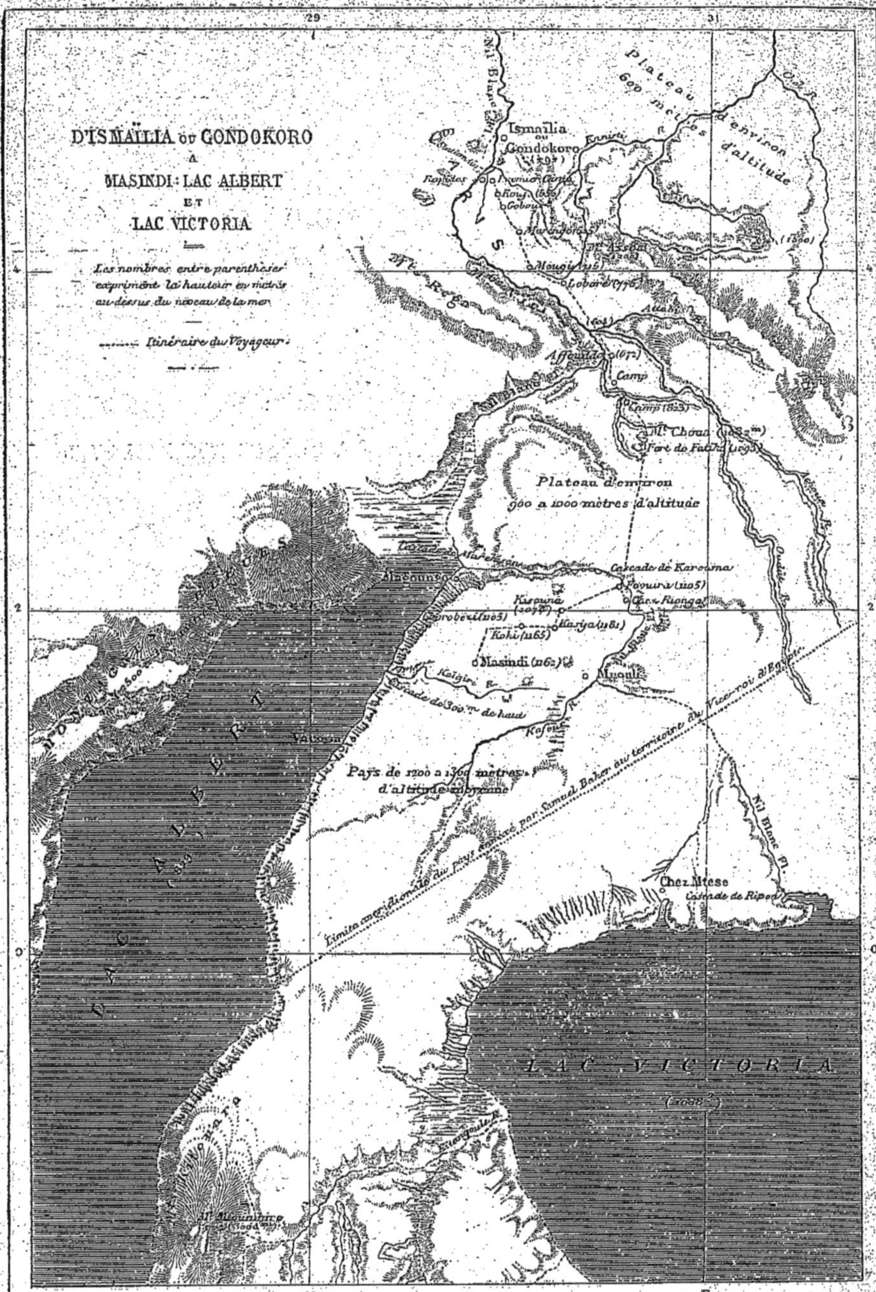

Gravé par Erhard.

AVANT-PROPOS

Parmi les problèmes posés aux explorateurs, il n'en est pas de plus sérieux que la constatation de l'origine du Nil, ce grand fleuve qui faisait dire à Lucain, dans sa *Pharsale* :

> Arcanum natura caput non prodidit ulli,
> Nec licuit populis parvum te, Nile, videre.

« O Nil, la nature n'a dévoilé à personne le mystère de ta source, et il n'a pas été donné aux hommes de te voir petit ruisseau. »

Ce qui était vrai il y a dix-huit cents ans l'était encore il y a quelques années.

Dans la seconde moitié du Ier siècle de notre ère, sous l'empereur Néron, des explorateurs avaient trouvé, vers le 9e degré de latitude nord, les grands marais dont le trait principal est le lac Nô. Au IIe siècle, le géographe Ptolémée affirmait que le Nil a sa source dans deux lacs placés sous le même parallèle. Au XVIe, Pigafetta prétendait qu'il existe, à 400 milles (640 kilomètres) l'un de l'autre, deux lacs situés à peu près sous le même méridien, c'est-à-dire dans une position contraire à celle indiquée par Ptolémée; là était, suivant lui, la source du Nil.

En 1770, l'Écossais Jacques Bruce, voyant naître le Nil Bleu (en Abyssinie), pensait avoir découvert la source du grand fleuve. Cette opinion resta courante en Europe jusqu'en 1840, époque où une expédition envoyée par le souverain de l'Égypte, Méhémet-Ali, retrouvait les immenses marécages signalés sous Néron, et remontait le Nil Blanc jusqu'à Gondokoro.

Depuis cette époque, les découvertes faites dans l'intérieur de l'Afrique ont eu pour principal objet de corriger, avec une exactitude scientifique, les données et les traditions confuses qu'avaient consignées et transmises les Portugais.

Le premier, D. Livingstone a prouvé qu'on se trompait grossièrement en s'imaginant que tout l'intérieur de l'Afrique centrale était occupé par un aride Sahara. Il a aperçu, dès le 1er août 1849, le lac N'gami; deux ans après, il arrivait à Séchéké, sur le Zambèze, où pénétraient les Baris de Benguéla, par l'ouest, et les Maures de Zanzibar, par l'est. En 1859, le 18 avril, il découvrait le lac Chiroua et, le 16 septembre, le Nyassa des Maravis.

Sur ces entrefaites, Burton et Speke, par la route de Zanzibar à Oudjidji, venaient de trouver le Tanganyka et le lac de Kéréoué. Speke, avec Grant, retourna, de 1859 à 1863, suivre en partie le littoral nord-ouest du dernier lac, qu'il nomma lac Victoria, et en vit sortir une grande rivière qu'il retrouva en amont des chutes de Kérouma ou Karouma ; il l'appela Nil Victoria ou Somerset.

Comme on le voit, l'on a beaucoup cherché les fameuses sources. Qu'on ne les ait pas trouvées, cela importe peu désormais, puisqu'on a découvert les deux grands réservoirs que le Nil traverse avant de prendre sa course vers la Méditerranée, les lacs Victoria et Albert.

C'est à sir Baker qu'est due la divulgation de la seconde de ces mers intérieures. Speke en avait signalé l'existence d'après les rapports des indigènes; mais c'est sir Samuel Baker qui l'a vue le premier.

Partant de Gondokoro, il arriva, le 24 janvier 1864, aux chutes de Kérouma; et, quelques mois après, il naviguait sur le M'voutan N'zighé, baptisé par lui du nom de lac Albert, en l'honneur de l'époux de la reine d'Angleterre. Il vit y tomber le Nil Somerset et en sortir le Nil Blanc.

Il put donc, à son retour en Europe, annoncer qu'il avait complété les découvertes de Speke; que les lacs Victoria et Albert sont les deux sources du Nil et mettent dans l'ordre des faits acquis à la science l'existence des deux lacs indiqués par Ptolémée comme donnant naissance au grand Nil d'Égypte.

L'émotion fut vive dans le monde savant, et chacun s'empressa de donner à l'intrépide voyageur des marques d'estime et de reconnaissance. La Société de géographie de Paris lui décerna, en 1867, sa grande médaille d'or; la reine d'Angleterre lui fit délivrer des lettres de noblesse; le khédive d'Égypte l'a nommé pacha et le sultan de Turquie lui a accordé le grade de major général dans les armées ottomanes.

La découverte du lac Albert eût suffi pour assurer à sir Samuel Baker une célébrité durable : il a acquis de nouveaux droits à la reconnaissance publique, au double point de vue de la science et de l'humanité, par l'expédition armée dans l'Afrique centrale que nous allons raconter, expédition dont il a été l'organisateur et le chef et où il s'est proposé pour but la suppression de la traite des noirs.

« Lors de mon premier voyage, dit-il, j'avais traversé des contrées d'une extrême fertilité, douées d'un climat salubre, favorable à l'établissement des Européens à une altitude moyenne de 1200 mètres au-dessus du niveau de la mer.

« Cette zone immense, presque sans limites, était abondamment peuplée par une race qui ne demandait que la protection d'un gouvernement fort, mais paternel, pour prendre une importance considérable et développer les admirables richesses du sol.

« Je rencontrai des régions dont la valeur naturelle variait suivant la situation et l'altitude, où le sucre, le coton le café, le riz, les épices et tous les produits des tropiques pouvaient être cultivés avec succès; mais ces régions étaient dépourvues de toute forme de gouvernement civilisé et « chaque individu y faisait ce que bon lui semblait ».

« Dans un milieu aussi anarchique et aussi confus, la traite florissait au détriment de tout progrès. Des contrées riches et bien peuplées étaient converties en désert; les femmes et les enfants étaient emmenés en captivité, les villages brûlés, les récoltes détruites ou pillées, les habitants chassés; un paradis terrestre se trouvait converti en une région infernale; les indigènes, d'abord bienveillants pour les étrangers, leur étaient devenus hostiles; et le résultat général de la traite ne pouvait être exprimé que par un seul mot : ruine.

« Les chasseurs et les trafiquants d'esclaves, causes de cette désolation, étaient, pour la plupart, des Arabes, sujets du gouvernement égyptien. Abandonnant leurs occupations agricoles dans le Soudan, ils s'étaient constitués en bandes soudoyées par divers commerçants de Khartoum.

Un seul de ces commerçants avait à sa solde environ 2500 Arabes, employés, en qualité de forbans et de brigands, dans l'Afrique centrale. Soumis à une grossière organisation militaire, armés de mousquets, ils formaient des compagnies et obéissaient, en beaucoup de cas, à des officiers qui avaient déserté leurs corps en Égypte ou dans le Soudan.

« Ainsi d'immenses zones étaient occupées par des bandes armées venues de Khartoum, lesquelles s'alliaient aux tribus indigènes pour attaquer et détruire les tribus voisines et enlever les femmes et les enfants, en même temps que les nombreux troupeaux de bêtes à laine et à cornes.

« On croit pouvoir affirmer qu'au moins 50 000 individus étaient ou capturés et détenus dans les divers camps (zéribas), ou expédiés par le Nil Blanc et les routes de terre, le Darfour et le Kordofan. Les morts résultant de la capture des esclaves et des traitements barbares qui leur étaient ensuite infligés, constituaient un chiffre effrayant. Cette émigration forcée, jointe à l'incertitude de vivre et de posséder, avait pour conséquence la dépopulation des districts infestés. Les indigènes devaient ou se soumettre aux insultes de toutes sortes, au pillage, ou abandonner leurs demeures et aller au loin chercher l'indépendance, ou bien encore s'allier à leurs oppresseurs. »

Tels sont les motifs qui ont conduit sir Samuel Baker à s'exposer de nouveau, avec sa fidèle et énergique compagne, aux fatigues et aux périls de cette aventureuse excursion dans l'Afrique centrale.

Cette généreuse entreprise aura-t-elle les conséquences qu'on était en droit d'espérer? D'après les déclarations de sir Samuel Baker lui-même, il est permis d'en douter.

Mais quelques réserves que l'on puisse faire à ce sujet, il faut reconnaître que, jusqu'à ce jour, aucun effort aussi énergique n'avait été tenté en faveur d'une cause dont le succès importe à un si haut degré, non seulement à la civilisation de l'Afrique, mais à l'humanité tout entière.

Ce voyage a été, pour sir Samuel Baker, l'occasion d'études de diverses natures qui, en dehors de la question de la traite, impriment à son récit un incontestable intérêt.

Il a permis aussi à lady Baker de donner des preuves nouvelles de ce courage, de ce dévouement, de cette abnégation auxquels sir Samuel Baker avait déjà rendu, en 1867, un éclatant hommage, en offrant publiquement à sa jeune femme, au milieu d'unanimes applaudissements, la médaille d'or qu'il venait de recevoir, à Paris, des mains du ministre de la marine, président de la Société de géographie.

HIPPOLYTE VATTEMARE.

L'AFRIQUE ÉQUATORIALE

CHAPITRE PREMIER

De Suez à Gondokoro (Ismaïlia).

Comme on vient de le voir, le bassin du Nil Blanc se trouvait absolument livré aux trafiquants d'esclaves, lorsque le khédive d'Égypte, Ismaïl-Pacha, s'adressa à sir S. Baker.

Soutenu et encouragé par le prince de Galles dans ses idées de réforme, le khédive s'était décidé, non seulement à abolir la traite dans toute l'Égypte, mais encore à attaquer cet ulcère moral en le cautérisant aux sources du mal.

Il demanda à sir S. Baker de dresser le plan d'une expéditon dans l'Afrique centrale, et, après avoir fait au projet présenté de légères modifications, il envoya au voyageur anglais un firman dont voici le texte :

« Nous Ismaïl, khédive d'Égypte;

« Considérant la condition sauvage des tribus habitant le bassin du Nil;

« Considérant que ces contrées manquent à la fois de gouvernement, de lois et de sécurité;

« Considérant que l'humanité impose le devoir de supprimer les chasseurs d'esclaves qui pullulent dans ces contrées;

« Considérant que l'établissement, dans ces contrées, d'un

commerce légitime, sera un grand pas fait dans la voie de la future civilisation, et aura pour résultat d'ouvrir à la navigation à vapeur les grands lacs équatoriaux de l'Afrique centrale et de fonder un gouvernement permanent;

« Avons décrété et décrétons ce qui suit :

« Une expédition est organisée pour soumettre à notre autorité les contrées situées au sud de Gondokoro;

« Pour supprimer la traite et introduire un système de commerce régulier;

« Pour ouvrir à la navigation les grands lacs de l'équateur;

« Enfin, pour établir une ligne de stations militaires et d'entrepôts commerciaux, séparés les uns des autres par une distance de trois jours de marche, à travers l'Afrique centrale, en prenant Gondokoro pour base d'opérations.

« Le commandement en chef de cette expédition est confié à sir Samuel White Baker, pour quatre années, à partir du 1er avril 1869;

« Nous l'investissons des droits les plus absolus, même de celui de mort, sur tous ceux qui feront partie de l'expédition.

« Il exercera la même autorité suprême et absolue sur toutes les contrées appartenant au bassin du Nil, au sud de Gondokoro. »

« Muni de ces pleins pouvoirs du khédive, dit sir S. Baker, je commandai en Angleterre des navires et des bateaux de sauvetage en fer qui, pourvus de machines de premier ordre, devaient être transportés, en plaques et sections, à travers le désert de Nubie.

« En outre, j'avais commandé des scieries à vapeur, avec une chaudière pesant 360 kilos; le tout devait être de même transporté à dos de chameau, pendant plusieurs centaines de kilomètres, par le désert de Nubie, et alternativement par bateaux et chameaux, d'Alexandrie à Gondokoro, c'est-à-dire à une distance d'environ 3000 milles (plus de 4800 kilomètres).

« La troupe anglaise était ainsi composée : moi et lady Baker; le lieutenant Julien Alleyne Baker, de la marine royale; M. Edwin Higginbotham, ingénieur civil; M. Wood, secrétaire; le docteur Joseph Gedge, médecin; M. Marcopolo, garde-magasin en chef et interprète; M. Mac William, ingénieur en chef des steamers; M. Jarvis, chef contrôleur; MM. Whitfield, Samson, Hitchman et Ramsall, constructeurs de navires, etc. [1]. Il y avait de plus deux domestiques.

« Pour protéger le matériel, je fis construire quatre magasins en fer galvanisé, chacun de 24 mètres de long sur 6 de large.

« Avant de quitter l'Angleterre, je choisis tout ce qui était nécessaire pour notre équipement. Il s'y trouvait compris un immense choix de marchandises de Manchester : draps de coton, calicot gris, coton, couvertures de laine blanches, rouges et bleues, écharpes indiennes rouges et jaunes, mouchoirs de perse à couleurs éclatantes, chemises de flanelle écarlate, serge de couleur (bleue, rouge), pantalons de toile, etc.; — des outils de toutes sortes : haches, hachettes, grelots de harnais, verges de cuivre, peignes, miroirs en zinc, couteaux, faïences, assiettes d'étain, hameçons, boîtes à musique, images coloriées, bagues, rasoirs, cuillers étamées, montres à bon marché, etc., etc.

« Outre les marchandises et les fournitures générales, j'avais plusieurs grandes boîtes à musique avec cloches et tambours, une excellente lanterne magique, une batterie magnétique et un assortiment de jouets. Ce qui émerveilla

1. Il n'est pas indifférent de noter qu'à la compagnie anglaise s'était adjoint, à titre d'attaché scientifique, un de nos compatriotes, M. H. de Bizemont, lieutenant de vaisseau, avec l'autorisation du ministre de la marine et une mission de la Société de Géographie de Paris. Il se rendit séparément à Khartoum, où il se mit en relation, comme on le verra plus loin, avec sir S. Baker; mais la déclaration de guerre de 1870 lui fit un devoir de revenir subitement en France. Il a donné un récit intéressant de son voyage et un résumé de celui de sir S. Baker dans une livraison de la *Revue maritime et coloniale* (septembre 1874).

surtout les indigènes, ce furent deux grandes girandoles et des boules argentées, d'environ $0^m,15$ de diamètre, qui, suspendues à des branches d'arbre, reflétaient ce qui se trouvait au-dessous.

« Je décidai que l'expédition partirait en trois divisions. Six steamers, variant de quarante à quatre-vingts chevaux-vapeur, devaient quitter le Caire en juin 1869, en même temps que quinze sloops et quinze dahabièhs[1], — en tout trente-six navires, — et remonter les cataractes du Nil jusqu'à Khartoum, ayant ainsi à accomplir un voyage par eau d'environ 1450 milles (environ 2320 kilomètres). Ces navires devaient transporter la totalité des marchandises.

« Je devais trouver de plus, lorsque j'arriverais à Khartoum, vingt-cinq navires et trois steamers prêts à partir. Le gouverneur général du Soudan égyptien, Giaffer (ou Djiafer)-Pacha, avait reçu l'ordre de fournir ces navires pour une date précise, en même temps que les chameaux et les chevaux nécessaires pour les transports par terre.

« Ainsi, selon mon programme, quand la flotte partie du Caire arriverait à Khartoum, les forces navales à ma disposition devaient se composer de neuf steamers et de cinquante-cinq voiliers. On verra combien mes espérances furent déçues.

« M. Higginbotham fut investi du commandement du transport par le désert, de Korosko à Khartoum. C'est à cet excellent officier que je confiai les steamers démontés et les machines, et je mis sous ses ordres les ingénieurs et les mécaniciens anglais.

« L'arrière-garde devait suivre une autre route, celle de Souakin, sur la mer Rouge. De ce point à Berber, sur le Nil, par 17° 37′ de latitude nord, en traversant le désert, la distance est de 275 milles (environ 440 kilomètres).

1. Barques en fer dont la représentation exacte sur nos gravures rend ici la description inutile.

« Mes forces militaires devaient se composer de 1645 hommes, y compris 200 cavaliers irréguliers et deux batteries d'artillerie. L'infanterie formait deux régiments : l'un, le régiment noir ou soudanien, se composait d'officiers et de soldats ayant servi quelques années au Mexique, dans l'armée française ; l'autre, le régiment égyptien, était presque entièrement formé de condamnés pour divers délits ou crimes.

« Cette troupe, ainsi que les munitions, devait être concentrée à Khartoum et m'y attendre.

« Les provisions pour la troupe consistaient en dhourra (sorgho), froment, riz, lentilles.

« Une pharmacie avait été composée avec le plus grand soin, d'après les meilleurs conseils.

« Pour le transport des lourdes machines à travers le désert, j'employai des affûts de canon, traînés chacun par deux chameaux. Les sections de fer des steamers et des canots de sauvetage furent suspendues à de longues perches de sapin de Trieste disposées, entre deux chameaux, en forme de flèche. On consacra à cet usage plusieurs centaines de perches, qui plus tard furent utilisées, au quartier général, pour construire des magasins et diverses autres bâtisses. »

En trente-deux jours, la partie de l'expédition qui accompagnait sir Baker franchit l'espace qui sépare Suez de Khartoum [1].

La situation de cette dernière ville, par suite de fautes administratives et d'excès d'impôts, était déplorable. Des milliers d'habitants l'avaient désertée. L'entreprise du khédive et de sir Baker, déjà connue, y était très impopulaire, par la raison fort simple que c'était surtout la traite qui avait fait de tout temps la prospérité de Khartoum. Les ordres donnés depuis six mois pour les préparatifs du voyage, en navires et en provisions, n'avaient pas été exécutés.

1. Ville du Sennaar, située au confluent du Nil Blanc (Bahr-el-Abiad) et du Nil Bleu (Bahr-el-Azrek), par 15° 37′ de latitude nord.

Par suite de tous ces retards, l'expédition était incomplète, mutilée : elle n'était plus en mesure de profiter de la saison convenable ; enfin, la durée qui lui était assignée par le firman se trouvait considérablement réduite. Sir Baker ne se laissa pas décourager ; il fit taire en lui tous les mécontentements et se mit vaillamment à l'œuvre. Il lui fallut déployer beaucoup d'activité pour l'équipement d'une flottille ; mais il y parvint, et 33 bâtiments de 50 à 60 tonnes chacun furent calfatés, gréés et prêts à entreprendre la traversée des 1450 milles (2320 kilomètres) qui séparent Khartoum de Gondokoro.

« Quand tout fut préparé, dit sir S. Baker, je passai les troupes en revue — mes fantassins et mes deux batteries d'artillerie.

« Je possédais vingt et un bons chevaux amenés par moi du Caire ; c'était, avec les chevaux des officiers, autant que nous en pouvions transporter.

« En sus de l'approvisionnement général de blé, de caisses, de balles, etc., en quantité innombrable, j'avais embarqué des rations pour six mois.

« Quarante-six hommes, choisis dans les deux régiments, formaient une magnifique garde du corps, moitié blancs, moitié noirs. Je les armai de fusils Snider, et leur donna, pour chefs mes aides de camp, le lieutenant-colonel Abd-el-Kader et le capitaine Mohammed Déi. »

Ce corps fut désigné sous le nom des « quarante-voleurs » en raison de la propension au vol, bien connue, des hommes qui en faisaient partie, et par allusion au conte arabe d'Ali-Baba. Mais, dans la suite, ces mêmes hommes devinrent, comme le montrera la relation, des modèles de moralité et les plus fermes soutiens de sir S. Baker.

Le 8 février 1870, les clairons annoncèrent le départ. La flottille, composée de deux steamers, de 31 navires à voiles et portant environ 800 soldats, se mit en route dans un ordre convenable.

LES QUARANTE-VOLEURS.

En cent trois heures, l'expédition atteignit Fachoda, station du gouvernement égyptien dans le pays des Chillouks, à 1000 kilomètres de Khartoum. On y prit des rations pour un mois et, grâce à un vent favorable, on arriva au confluent du Sobat dans la journée du 16 février.

Entre Khartoum et le confluent du Sobat, le Nil est un fleuve immense; mais quand on passe au sud du grand affluent, on aborde une région de terrains surbaissés et de marécages, labyrinthes à travers lesquels le fleuve se fraye une route d'environ 1200 kilomètres avant d'arriver à Gondokoro.

On atteignit le confluent de la rivière Girafe (Bahr el-Girafe). Le 17, on en franchit la bouche par 9° 26′ de latitude. La largeur de la rivière Girafe était d'environ 64 mètres; ses rives étaient hautes et desséchées.

A la distance d'environ 300 kilomètres du confluent, on se trouva au milieu de vastes marais. La navigation devenait de plus en plus difficile. Le courant se divisait en nombreux canaux qu'obstruaient des végétations flottantes.

Il fallait s'ouvrir, ou plutôt se couper laborieusement et à force d'abatis, une route à travers les hautes herbes. C'est ce que faisaient les trafiquants d'esclaves en se servant de haches.

Les extraits suivants du journal de sir S. Baker donneront une idée de ces travaux presque surhumains.

« 25 février. — Pour nous ouvrir une voie, je fais aiguiser plus de 50 sabres.

« Nous comptons dans le lointain 70 éléphants; mais l'immense zone de végétation flottante nous enlève toute chance de les approcher.

« 26 février. — 40 hommes commencent le percement d'un canal de 137 mètres de longueur, à travers les masses profondes de végétaux accumulés. Travail acharné.

« 28 février. — L'herbe ressemble à la canne à sucre; elle atteint une hauteur de 6 à 9 mètres; des racines sortent de tous les nœuds, de sorte qu'une fois réunies, ces racines s'allongent et font du tout un inextricable enchevêtrement de boue, de détritus de toute sorte, de roseaux emmêlés, serrés en réseaux spongieux de 1^m,50 à 2 mètres d'épaisseur.

« 5 mars. — Le courant devient libre et, grâce à une bonne brise du nord, tous les bateaux marchent bien.

« J'aperçois un *Baleniceps rex;* c'est la seconde fois seulement que j'ai bien pu voir cet oiseau rare, qu'on nomme aussi « la cigogne à tête de baleine ». Jusqu'ici on ne l'a trouvé que dans les immenses marais du Nil Blanc. Il se nourrit généralement de coquillages d'eau douce ; la nature lui a donné un bec puissant, armé d'un crochet à son extrémité.

« Le 11 mars, on était engagé au milieu de marais empestés. Tous les bâtiments furent forcés de s'arrêter dans un étang de boue noirâtre. On ne parvint qu'après un travail écrasant à se couper un passage. Un soldat mourut d'insolation (coup de soleil). Pas de sol ferme pour l'enterrer.

« Le 13 mars, on traversa un lac, puis un second entièrement fermé : ni terre, ni eau claire, pas un endroit solide où l'on pût poser le pied. L'herbe fourmille de serpents et de fourmis venimeuses.

« 21 mars. — Hier, tandis que les hommes s'évertuaient à tirer et à dégager les steamers bloqués par les radeaux de végétation, ils sentirent quelque chose s'agiter sous leurs pieds. Ils s'enfuirent aussitôt, juste à temps pour échapper à un énorme crocodile qui se frayait un chemin à travers la masse compacte où l'avaient enserré les masses flottantes, en le retenant prisonnier. Les soldats noirs, armés de sabres et de crocs, attaquèrent immédiatement l'affreux animal qui, quoique délivré de prison, n'était pas précisément tombé entre les mains de la Société royale de bienfaisance. Il fut promptement dépêché et, le soir même, sa chair réjouit les marmites du régiment de Soudaniens.

« Un travail opiniâtre de treize jours, accompli par mille

hommes, nous a permis de faire seulement 12 milles (20 kilomètres) !

« 22 mars. — Nos gens sont découragés pour la plupart; ils sont de plus en plus abattus par la fièvre.

« Un autre soldat meurt et nous ne trouvons pas de sol assez sec pour l'enterrer. Nous respirons une atmosphère marécageuse.

« 23 mars. — Les fanatiques fellahs refusent absolument les spiritueux; aussi ne peuvent-ils résister à la fièvre et à la nervosité, conséquences du refroidissement produit par un travail prolongé dans la boue et dans l'eau.

« 24 mars. — Nous apercevons une forêt à deux milles environ au delà du marais. Grâce à un travail assidu de vingt-quatre heures, nous avançons de 1400 mètres.

« 25 mars. — Mort d'un autre soldat. Comme d'habitude, ce pauvre diable était un artilleur. Ces gens étaient venus directement du Caire avec leurs canons et, n'étant pas acclimatés, ne pouvaient résister à la fièvre.

« Un autre soldat mourut le soir. C'était un excellent homme, qui avait été employé à l'arsenal du Caire. Un de ses amis, qui avait travaillé dans le même atelier, fut tellement affecté de sa mort, qu'il affirma ne pouvoir lui survivre plus de quelques jours. Il n'y avait aucun terrain sec où l'on pût creuser une fosse, et on fut obligé de faire un trou à la base d'un nid de fourmis blanches, sortes de petites tours de Babel, très nombreuses, qui sont les seuls endroits respectés par l'inondation.

« Cette mort est la sixième depuis quelques jours, non compris celle d'un jeune garçon. Je suis porté à croire que notre docteur noir aide ces pauvres gens à quitter la vie, attendu qu'ils meurent subitement dès qu'il leur donne ses soins. Comme le docteur Sangrado, il est très partisan de la saignée, ordinairement fatale dans ces climats. — Nous avons fait aujourd'hui environ 800 mètres

LE BALENICEPS REX (page 19).

« 26 mars. — La liste des malades comprend cent cinquante hommes, presque tous des fellahs.

« Nos gens ne peuvent prendre de repos ni jour ni nuit, attaqués qu'ils sont par des nuées de moustiques.

« 30 mars. — Le pays prend une plus souriante apparence. A quelques kilomètres de distance, sur la rive droite et la rive gauche, de hautes futaies nous indiquent l'existence d'un terrain sec. Dans le lointain nous découvrons des hordes d'antilopes.

« 31 mars. — Il y a cinquante et un jours que nous avons quitté Khartoum. Jamais je n'ai entendu parler d'un si triste voyage. »

Le 1er avril, on se croyait enfin à peu de distance du fleuve Blanc. L'armée saluait déjà avec enthousiasme sa délivrance, lorsque tout à coup les steamers qui étaient en tête éprouvèrent une secousse : ils venaient de toucher le fond. L'un après l'autre, tous les bâtiments touchèrent à leur tour. L'eau manquait ! La situation était affreuse ! Sir S. Baker et son neveu purent cependant s'avancer à la découverte dans une chaloupe n'ayant qu'un très faible tirant d'eau ; ils reconnurent qu'on s'était fait illusion : on était loin du fleuve Blanc ; le canal où l'on se trouvait se divisait en plusieurs branches qui allaient se perdre de nouveau dans de vastes marécages ; enfin, la chaloupe elle-même toucha sur un banc de sable. Décidément la rivière était impraticable. Elle ne livre passage qu'au temps des grandes eaux.

Il fallait aussi considérer que la saison des pluies, pendant laquelle tout voyage est impossible, approchait. Déjà plusieurs orages l'avaient annoncée : les provisions en avaient souffert. Cent soixante hommes étaient atteints de la fièvre des marais. Le complément de la flottille, parti de Khartoum après sir S. Baker, pouvait arriver d'un jour à l'autre et s'engager aussi dans cette impasse.

Devant tant de motifs, il n'y avait pas à hésiter : il fallait revenir sur ses pas.

Sir S. Baker se vit donc obligé de donner le signal de la retraite. Officiers et soldats, croyant qu'il renonçait à l'expédition, étaient joyeux; mais on pense bien que ce n'était nullement son projet. Il ne songeait même pas à se retirer jusqu'à Khartoum, où il se serait exposé à des intrigues qui eussent amené la ruine de l'expédition. Très déterminé à persister à se frayer un passage vers Gondokoro par la seule et unique voie du Bahr el-Girafe, mais dans des circonstances plus favorables, il prit le parti de revenir près de l'embouchure du Sobat et de s'y établir dans un camp provisoire jusqu'à la fin de la saison des pluies, vers le 1er décembre. A cette époque le niveau des eaux serait plus élevé et la rivière plus navigable. Il eut soin, du reste, de ne mettre dans la confidence de ses véritables intentions que sa femme et le lieutenant Baker.

Il écrit sur son journal, le 3 avril : « La flotte entière est en pleine retraite, avec vent et courant favorables.

« 7 avril. — Le canal est de nouveau bloqué. Tout le monde travaille à le déblayer. En comptant deux matelots et un mousse, nous avons un total de douze morts.

« 13 avril. — A sept heures du soir, nous arrivons à la station d'un des principaux trafiquants d'esclaves du Nil Blanc, Koutchouk-Ali. Je fais venir le vakil, ou agent commandant la place, et je lui explique minutieusement le système de suppression de la traite. Il se montre fort incrédule quant à l'exécution immédiate de ce système; mais je lui conseille de ne pas essayer d'envoyer à Khartoum de cargaisons d'esclaves, comme il l'avait fait les années précédentes.

« 14 avril. — Nous rattrapons un de mes soldats noirs qui s'était enfui.

« Dans la matinée, le colonel Raouf Bey m'informe que plusieurs officiers et soldats venaient d'acheter des esclaves à la station de Koutchouk-Ali. Ainsi, les troupes du khédive, chargées, sous mes ordres, de supprimer la traite, convertissent l'expédition en marché d'esclaves. Je fais immédiatement rendre ces derniers et j'adresse aux officiers des instructions péremptoires.

« 15 avril. — Un exemple étant indispensable pour prévenir les futures désertions, je condamne à mort le déserteur que nous avons repris hier.

« A l'appel des clairons, les troupes se réunissent en tenue. Le prisonnier est amené et parcourt le front, accompagné de tambours voilés.

« Après la lecture de la sentence et une courte allocution aux troupes, le prisonnier est conduit hors du carré et le peloton d'exécution s'avance.

« Le condamné était un beau jeune homme d'environ vingt ans, natif du Pongo; il avait été pris comme esclave et fait soldat contre son gré.

« Il jeta un regard autour de lui, mais ne découvrit aucune sympathie, aucune marque d'intérêt sur les rudes physionomies des officiers et des soldats. Les gens du trafiquant d'esclaves étaient venus en foule, vêtus de leurs habits de fête, pour jouir de la vue d'une exécution militaire. Le peloton d'exécution était prêt; le prisonnier s'agenouilla, le dos tourné, à cinq pas de distance. A ce moment, il tourna vers moi des yeux suppliants; mais il reçut immédiatement l'ordre de regarder devant lui.

« Sur le commandement : « Apprêtez armes! » les platines craquèrent, les fusils furent mis en joue...

« Alors j'ordonnai au peloton de se retirer et j'appelai le prisonnier, qui me fut amené par un piquet. En présence de la troupe rassemblée, je lui démontrai la nécessité d'une stricte discipline; je lui dis que sa désertion aurait dû être punie de mort, mais qu'eu égard à sa jeunesse et à son ignorance, je commuais sa peine en celle des verges.

« Il fut fouetté et remis aux fers. Les troupes se formèrent en ligne de marche et défilèrent musique en tête; toutes m'acclamèrent en passant[1]. »

Le retour de la flottille fut naturellement plus facile et plus rapide : le Bahr el-Girafe s'était grossi de nombreux affluents venus des régions marécageuses.

« 19 avril. — En une heure et demie, nous sommes au confluent du Sobat. Poursuivant notre route pendant quarante-cinq minutes encore, nous arrivons à une forêt située à l'est sur un soulèvement de la rive. Différentes espèces de palmiers (*Palma Thebaïca*, *Borassus Ethiopicus*) donnaient une apparence de beauté tropicale à cette région désolée et peu séduisante.

« C'est là que je me propose d'établir ma station provisoire. Le sol est ferme, bien au-dessus du niveau des hautes eaux, et la forêt offre une source presque inépuisable de bois pour bâtisses et pour combustible. »

Avant de débarquer en cet endroit et de dresser le camp de son armée, sir S. Baker apprit que le gouverneur de Fachoda (Ali Bey, un Kourde) faisait une razzia d'esclaves chez les Chillouks.

Il se rendit au camp de cet homme et il y trouva 155 esclaves, comprenant 10 hommes, 80 enfants et 65 filles et femmes, dont plusieurs étaient attachées l'une à l'autre par le cou.

Sir S. Baker délivra tous ces prisonniers, malgré les protestations du gouverneur.

« 21 avril. — A neuf heures trente du matin, nous aperçûmes onze bâtiments venant de Khartoum, toutes voiles dehors, sous l'impulsion d'un fort vent du nord-est. A notre immense joie, c'était M. Hingginbotham, le docteur Gedge,

1. Je constate, avec la plus vive satisfaction, que le jeune homme dont je viens de raconter la condamnation et la punition, fut, par la suite, le meilleur et le plus fidèle de mes gardes du corps. Devenu avec le temps caporal, il passa sergent à la fin de l'expédition. Il se nommait Farritch Ajoke. (*Note de l'auteur.*)

les six mécaniciens anglais, les constructeurs, etc., tous en bonne santé. »

La station où sir S. Baker séjourna jusqu'à la fin de la saison des pluies était située sur la rive droite du Nil, à près de 10 kilomètres au-dessous du confluent du Sobat. Il la nomma « Tioufikia », en l'honneur du fils aîné du vice-roi d'Égypte, Mahomed Tioufik Pacha[1].

On dressa deux cents tentes sur le rivage, une écurie, et des magasins en fer galvanisé où l'on enferma les approvisionnements. On eut grand'peine, malgré toutes les précautions possibles, à les défendre contre les rats du Nil et les fourmis blanches.

On construisit aussi des moulins en fer et l'on fabriqua des faux recourbées, pour trancher les masses de végétation que l'on devait encore rencontrer plus tard.

Les Chillouks, qui habitent cette partie du pays, ayant appris que l'armée de sir S. Baker venait délivrer les esclaves, se montrèrent confiants. Ils laissaient paître leurs troupeaux sur une grande île située en face du campement, et traversaient incessamment le fleuve sur leurs barques légères comme le liège, pour échanger du coton brut et des provisions de toute sorte contre des cotonnades et du fer, dont le minerai ne se trouve pas dans leur sol, fait tout entier d'alluvion.

« Un vieux cheik aveugle, qui venait souvent nous voir de la rive opposée, dit sir S. Baker, trouva, un jour, la mort la plus imprévue, en revenant avec son fils du marché de Tioufikia. Je me promenais sur le quai, lorsque, entendant un grand bruit, je jetai les yeux sur le fleuve. Sur les eaux, profondément agitées, dansaient les débris d'un canot d'ambatch. A ce moment, le fleuve était sillonné par de nombreux canots; quelques-uns s'empressèrent de porter secours à deux

1. Il vient d'être nommé khédive, en remplacement de son père, Ismaïl Pacha.

hommes qui se débattaient dans le courant. Un hippopotame abordant le canot l'avait mis en pièces; le malheureux cheik, incapable de se sauver, avait été saisi en même temps que le bordage. Quoique secouru par ses camarades, ses blessures étaient si graves qu'il mourut pendant la nuit.

« Le 10 mai, les sentinelles signalèrent une voile dans la direction du sud. Aucun des chasseurs d'esclaves n'avait connaissance de mon établissement à Tioufikia; les gens de Koutchouk-Ali, sur le Bahr el-Girafe, s'imaginaient que nous étions revenus directement à Khartoum.

« Quand le bâtiment fut à portée, j'envoyai à son bord mon fidèle aide de camp Abd-el-Kader pour faire l'enquête nécessaire. Le capitaine et le vakil assuraient avec le plus grand calme que leur bâtiment portait tout simplement du blé. Mais le colonel Abd-el-Kader, ayant arraché une baguette d'acier du fusil d'un soldat et sondé profondément la masse de blé, un cri étouffé se fit entendre; le blé s'agita et livra passage à une tête laïneuse. Plongeant son bras musculeux dans le tas, Abd-el-Kader saisit par le poignet et ramena à lui une négresse. Le blé fut enlevé, les planches qui entouraient l'avant et l'arrière furent brisées, et on mit ainsi à découvert une foule de créatures humaines, garçons, filles et femmes, pressées comme des harengs dans une tonne. Je donnai l'ordre de décharger le bâtiment. Nous y trouvâmes 150 esclaves arrimés dans une aire d'une inconcevable exiguïté. Beaucoup d'entre eux étaient chargés de chaînes.

« Je fis mettre aux fers le vakil et le reis ou capitaine, et je les envoyai à Khartoum.

« Les esclaves furent mis en liberté. Chacun d'eux reçut un acte de libération enveloppé dans une feuille de roseau. On les laissa maîtres de s'éloigner ou de rester au camp, soit comme ouvriers, soit comme soldats. Les femmes furent mariées de leur plein gré et même avec satisfaction aux soldats noirs. Madame Baker adopta une petite fille orpheline, âgée d'un peu plus de trois ans, nommée Mostoura, et qui devint bientôt la favorite de tout le camp. »

Sir S. Baker resta à Tioufikia jusqu'à la fin de novembre, époque où il devenait opportun de recommencer la navigation du Bahr el-Girafe. Le 1er décembre 1870, la flottille se mit en route avec un bon vent du nord.

La nouvelle tentative se faisait dans de meilleures conditions que la première. L'expédition se composait de 1600 hommes et de 58 navires pesamment chargés. Cette fois, l'on était pourvu de tous les instruments nécessaires pour faire des tranchées à travers les obstructions de toute nature. On eut cependant encore à subir de rudes épreuves.

Après vingt-six jours de navigation, on arriva devant la forêt située en avant de la station de Koutchouk-Ali. La route parcourue l'année précédente était de nouveau obstruée; il fallut ouvrir à force de bras des tranchées et faire avancer les navires, ce qui ne put avoir lieu qu'en les déchargeant et les rechargeant constamment.

Du 11 février au 9 mars, un canal en ligne droite de 550 mètres fut pratiqué dans une argile très résistante. Beaucoup d'hommes étaient malades; plusieurs moururent.

Les machines, les sections des steamers, les approvisionnements, etc., furent débarqués des cinquante-huit navires qui les portaient.

Les eaux ayant baissé encore, on dut tracer une route sur la surface promptement desséchée par le soleil, et on transporta par terre cette immense quantité de matériel jusqu'aux bâtiments, où elle fut rechargée, en même temps que les wagons démontés.

Il serait fastidieux de décrire tous les incidents de cette période pénible du voyage : les mêmes obstacles et les mêmes travaux se renouvelaient presque chaque jour.

L'expédition lutta pendant quatre mois. On faillit perdre

plus d'une fois courage. Toute l'armée était condamnée à des travaux excessifs.

Sir S. Baker explorait incessamment la route, en s'avançant en tête de la flottille sur son dahabièh.

Il écrivait, à la date du 9 mars : « Pendant plusieurs heures, notre petit bateau, halé par quatorze hommes, venait de traverser péniblement une masse énorme de hautes herbes flottantes, quand tout à coup nous émergeâmes sur une eau libre.

« Au détour d'un promontoire, le lac présentait une largeur d'environ 800 mètres. A 8 kilomètres plus loin, nous découvrîmes une rivière qui s'écoulait directement dans le canal si longtemps cherché, et qui, après un parcours d'un mille et quart (2000 mètres), débouchait dans le Nil Blanc !

« Je n'essayerai pas de dépeindre ma joie, que mes hommes partagèrent. Tous nous bûmes de cette eau si différente de celle des marécages; et chacun de mes hommes, en se baignant les mains et le visage, sécria : « El hammd el Illah ! » (Louange à Dieu !). Moi aussi j'adressai à l'Éternel de ferventes actions de grâces !

« Dès le lendemain matin, le bruit de la découverte du Nil Blanc s'était répandu partout. Beaucoup de mes gens n'y voulaient pas croire, s'imaginant qu'on les trompait pour exiger d'eux un surcroît de travail.

« Je donnai l'ordre d'ouvrir un canal jusqu'au lac, à travers la vase et les grandes obstructions.

« Après quelques jours de rude labeur, la passe fut assez profondément creusée pour admettre le dahabièh; mais il lui fallut une journée tout entière pour franchir cet étroit canal.

« Le soir, nous entrâmes dans le lac; une flamme arborée à la tête du mât annonça à la flotte que le passage était accompli.

« Il s'en fallait encore de beaucoup cependant que tous les travaux de ce long voyage fussent terminés. Au moment de passer dans le canal, il se trouva que, l'eau s'étant échappée par l'issue que notre passage avait ouverte, la flotte était échouée. Environ 1500 hommes furent employés pendant deux jours à élever une digue en arrière des bâtiments, à l'aide de fascines et de 500 sacs remplis de sable et d'argile. »

Un épisode vint interrompre un moment les préoccupations de sir S. Baker. « Une nuit, dit-il, je dormais profondément dans le dahabièh, quand je fus brusquement réveillé par le bruit d'une avalanche d'eau frappant le bordage; en même temps retentissait un furieux hennissement. Je sautai sur mes pieds et je vis un hippopotame qui se disposait à charger notre bâtiment. Appelant mon domestique, Suleiman, couché près de la porte de la cabine, je lui demandai un fusil. Mais, au même instant, l'hippopotame s'élança contre nous avec une furie indescriptible. D'un seul coup, il chavira et coula le bateau de zing avec sa cargaison de viande. Un instant après il saisit le dingy dans ses immenses mâchoires, et le craquement du bois brisé témoigna de la destruction de mon bateau favori.

« Suleiman sortit de la cabine avec un fusil vide et sans munitions.

« J'allai moi-même dans la cabine prendre une carabine au râtelier.

« Les mouvements de l'animal, tour à tour plongeant et chargeant, au milieu d'un nuage d'eau et d'écume, étaient si rapides, qu'il était impossible de le viser à l'endroit précis de la tête où le coup est toujours fatal.

« La lune brillait d'un vif éclat. Au moment où l'hippopotame s'élançait droit contre le dahabièh, je l'arrêtai avec une balle du calibre de huit. A ma grande surprise, il se remit presque aussitôt et recommença l'attaque.

« Je lui envoyai balle sur balle, sans effet apparent. Le balancement du dahabièh sur les vagues, soulevées par les efforts d'un aussi puissant animal, rendait mon tir incertain. Enfin, grièvement blessé sans doute, il se retira dans les hautes herbes.

« Croyant sa mort certaine, j'allai me coucher; mais, au bout d'une demi-heure à peine, la bête affolée nous chargeait de nouveau. Je lui envoyai au sommet de la tête une balle qui la culbuta le ventre en l'air; ses quatre pattes, battant l'eau, soulevaient des vagues qui faisaient danser le dahabièh. Roulant ainsi sur elle-même, elle fut entraînée par le courant. Cette fois, nous la crûmes véritablement tuée et nous retournâmes à nos lits. Mais il fallut soutenir un troisième assaut. Réveillé par un clapotement plus assourdissant que tous les autres, je me levai et aussitôt j'aperçus, à environ 75 mètres, l'hippopotame traversant lentement les hauts-fonds. Il me présentait l'épaule en plein et je fis feu de mes deux canons. J'entendis distinctement le bruit que firent les balles en pénétrant la peau. Néanmoins l'animal atteignit la rive droite; il la tourna subitement et essaya de repasser la rivière. Je fis feu, visant l'autre épaule que je voyais parfaitement, le corps entier étant hors de l'eau. Il trébucha sous le coup et enfin tomba mort. »

Le 13 mars, à deux heures quinze minutes de l'après-midi, la rivière était complètement barrée; à trois heures, l'eau montait et soulevait la flotte.

Le 16 mars, tous les navires entrèrent dans le lac.

La traversée du lac nécessita encore une petite tranchée d'environ 320 mètres, qui fut achevée le soir du 17. On n'avait plus qu'à couper une obstruction d'environ 1200 mètres qui séparait le lac du Nil Blanc.

Le 18, à sept heures trente minutes du matin, le dahabièh, ouvrant la marche, força sa voie à travers les roseaux. Trois heures après, il entrait dans le Nil Blanc.

« Le lendemain, dit sir S. Baker, toute la flotte m'avait rejoint. Notre réussite fut saluée par des transports de joie. Nos hommes finirent par se croire réellement délivrés du chaos horrible qu'on avait appelé le « marais du Désespoir ».

On n'était plus séparé de Gondokoro par aucun obstacle.

LE DAHABIÈH ATTAQUÉ PAR UN HIPPOPOTAME (page 30).

CHAPITRE II

Gondokoro (Ismaïlia).

Le 15 avril 1871, après avoir côtoyé, en remontant le Nil, la tribu des Bohrs et des Chirs, sir S. Baker arriva, avec son dahabièh, son steamer et 59 hommes armés, à Gondokoro, où le reste de la flottille le rejoignit le 22 mai.

A cette époque, Gondokoro n'était ni une ville, ni un bourg, mais simplement une station de « négociants d'ivoire ». Des missionnaires autrichiens y avaient jadis construit une église et une maison, dont il ne reste actuellement aucun vestige. Les indigènes, les Baris, s'étaient fait, avec les briques rouges écroulées et de la graisse, une poudre pour s'en barbouiller le corps.

Lors de sa première visite, en 1863, Baker avait trouvé une contrée animée par de nombreux et charmants villages ombragés de verdure. Aujourd'hui, pas un hameau, pas de végétation. Le pays, ravagé par les guerres intestines, n'était qu'un désert.

La tribu des Baris habitait les nombreuses îles basses du fleuve. Sir Baker fit venir leur chef principal, le cheik Alloron. Cet homme, brute épaisse, à la physionomie sauvage, marchait absolument nu, et ses mauvais instincts s'étaient pervertis encore par la constante fréquentation des chasseurs d'esclaves.

Sir Baker ne tarda pas à se convaincre qu'Alloron avait été

prévenu et mis en garde contre l'expédition par un nommé Aboud-Saou, agent de la grande compagnie d'Agad, qui avait affermé, entre autres contrées, les districts de Gondokoro.

Un grand nombre de sujets d'Alloron se trouvaient, en effet, dans l'intérieur, en qualité de mercenaires d'Abou-Saoud. Les Baris ont le tempérament guerrier et font d'excellents soldats, inappréciables auxiliaires des chasseurs d'esclaves, d'autant plus que Gondokoro, grâce à sa situation, est le seul lieu propre à l'établissement d'une station importante. Les trafiquants, en possession du monopole de l'ivoire, étaient donc naturellement devenus les alliés d'Alloron. Ils avaient armé de fusils plusieurs centaines de ses gens, si bien que la tribu d'Alloron et les compagnies d'Abou-Saoud formaient une armée de brigands, ayant Gondokoro pour entrepôt.

Malheureusement pour lui, Alloron avait fait cause commune avec les chasseurs d'esclaves contre des indigènes dont le territoire se trouvait voisin de Gondokoro. Les Loquias, très puissante tribu, stationnée à trois jours de marche seulement dans la direction du sud-est, s'étaient vu enlever des esclaves et des bestiaux; aussi, dès que les divers partis de trafiquants eurent quitté Gondokoro pour regagner leurs stations de l'intérieur, les Loquias fondirent sur Alloron et saccagèrent de fond en comble son district de la rive orientale du fleuve.

A cette époque de l'année, le pays est couvert de cette herbe tendre nommée par les Arabes « néghil », le meilleur des pâturages pour les bestiaux. Les gens d'Alloron n'osaiens conduire leurs bêtes sur cette magnifique prairie, de peur det Loquias embusqués dans la forêt voisine. Les pâturages des îles où s'étaient réfugiés les Baris avaient été promptemens tondus par leurs bestiaux; ces animaux, menacés de mourir de faim, descendaient dans le courant pour atteindre let herbes de la berge, et souvent les crocodiles les happaient au passage.

Dans ces conditions, il était naturel de supposer que ces indigènes se rangeraient avec enthousiasme sous l'égide du nouveau gouvernement.

Sir S. Baker annonça à Alloron son intention de s'établir à Gondokoro avec ses troupes, et il lui promit sa protection contre les Loquias, s'il voulait employer les indigènes dont il était le chef à construire des huttes pour loger ses soldats et à cultiver la terre pour les nourrir. Alloron, après avoir paru hésiter pendant quelques jours, cessa de se contraindre et n'opposa que des dédains à toutes les demandes du chef de l'expédition.

A l'avis qu'on venait, non pour faire la guerre et spolier les habitants, mais uniquement pour supprimer l'esclavage, il répondit :

« Que deviendront donc les traitants ? »

Il était manifeste qu'on allait avoir à lutter contre les dispositions les plus hostiles. Sir S. Baker en prit son parti, et s'occupa de l'établissement d'une station. Il fit choix pour sa demeure d'un agréable site ombragé, à quelque distance de l'ancien emplacement de la mission, où l'on commença immédiatement à dresser le quartier général.

« En quelques jours, dit-il, mes hommes eurent, de plus, défriché un grand jardin où je semai des oignons, des radis, des haricots, des épinards, quatre variétés de melons d'eau, des concombres, des oranges, des pommes, du maïs, de l'ail, du tabac, des choux, des tomates, du piment, des carottes, du persil, du céleri. Le travail quotidien fut organisé de façon que soldats et matelots devaient travailler aux cultures de six heures à onze heures du matin ; le reste de la journée leur appartenait, et ils l'employaient à l'édification de leurs cabanes.

« Tous mes hommes se firent de plus petits jardins s'étendant le long du campement, en lignes parallèles.

« Je leur distribuai diverses graines, avec promesse de primer les plus beaux échantillons de légumes produits.

Depuis le commencement de l'expédition, j'avais constamment fait des efforts pour inspirer à mes hommes le goût de l'agriculture, et j'avais réussi à leur faire comprendre que le défrichement du sol était le corollaire nécessaire de la création de toute nouvelle colonie. »

On sema du blé sur une superficie de 4 hectares, et, grâce à une pluie bienfaisante, le blé ne fut pas longtemps sans percer le sol.

Cependant on ne pouvait obtenir aucune nourriture des indigènes. La viande de boucherie manquait absolument. Pendant plusieurs jours, on ne vécut que de moineaux. Alloron, qui ne permettait pas à ses gens de fournir même le bois nécessaire aux huttes, avait l'effronterie de venir à la station et d'y demander de l'eau-de-vie pour lui-même.

« Combien de temps allez-vous rester ici? s'enquit-il un jour. Vous feriez mieux de retourner à Khartoum, et je mangerai, quand il sera mûr, le blé que vous avez planté. »

Je lui répondis que Gondokoro était notre quartier général, que les troupes y resteraient, et que nous cultiverions en blé une grande étendue de terrain, non pour lui, mais pour nous.

Il répliqua :

« A qui cet arbre appartient-il (nous nous tenions sous son ombre)?

— Au khédive d'Égypte, dis-je, qui est maintenant protecteur de tout le pays et qui m'a chargé d'y établir son gouvernement.

— Alors il vaut autant que vous retourniez à Khartoum : nous n'avons pas besoin ici de gouvernement. »

« Il avait un peu raison, ajoute sir S. Baker. Au point de vue abstrait, l'annexion d'un territoire appartenant à autrui est une violation du droit des gens. »

Le territoire occupé par cette tribu des Baris a une longueur de près de 150 kilomètres du nord au sud, sur une largeur de plus de 100.

Les Baris se partagent en nombreux clans, gouvernés chacun par un cheik. Ainsi, Alloron représente Gondokoro, tandis que le moindre petit district est de même régi par un cheik. La population est considérable.

Les Baris possèdent des troupeaux immenses de bêtes à cornes et de moutons, qu'ils enferment pendant la nuit dans des zéribas ou kraals entourés de fortes palissades d'un bois noir extrêmement dur (ébénier).

Toutes les opérations des Baris sont dirigées par batteries de tambour, précisément comme ailleurs les manœuvres militaires s'accomplissent à l'appel du clairon. Le grand tambour, propriété du cheik, est suspendu sous un hangar couvert, de manière à être garanti de la pluie pour que le son puisse se prolonger avec plus d'intensité. Ces tambours sont taillés et creusés avec grand'peine dans un bois particulier, d'un grain excessivement serré et peu susceptible de se fendre. Il a exactement la forme d'un œuf dont le gros bout aurait été enlevé, et il est si lourd que deux hommes peuvent à peine le porter. Il est quelquefois percé des deux bouts, mais c'est sur l'extrémité supérieure que l'on frappe avec deux petits bâtons de bois dur.

Dès l'aube, un peu avant le lever du soleil, le son du gros tambour se fait entendre; un nombre déterminé de battements indique que c'est l'heure de traire les vaches. Le soir, le signal se répète. Si les hostilités paraissent imminentes, le gros tambour du cheik donne l'alarme, au moyen d'une série particulière de battements qu'on se rappelle aisément quand on les a une fois entendus. En quelques secondes, cet éclatant signal se reproduit comme un écho dans tous les villages, et la nouvelle de l'attaque se répand aussi vite que se propage le son. Un battement spécial du gros tambour du cheik sert encore d'appel pour une assemblée générale, auquel cas, si un ennemi apparaît, toutes les forces du district peuvent être rapidement concentrées sur un même point.

Les Baris combattent avec des lances d'un délicat travail, des arcs et des flèches effroyablement barbelées.

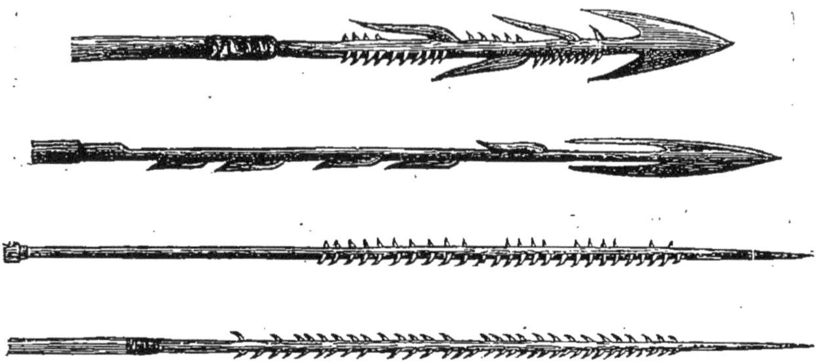

TÊTES DE FLÈCHES DES BARIS (LONGUES DE 0m, 18).

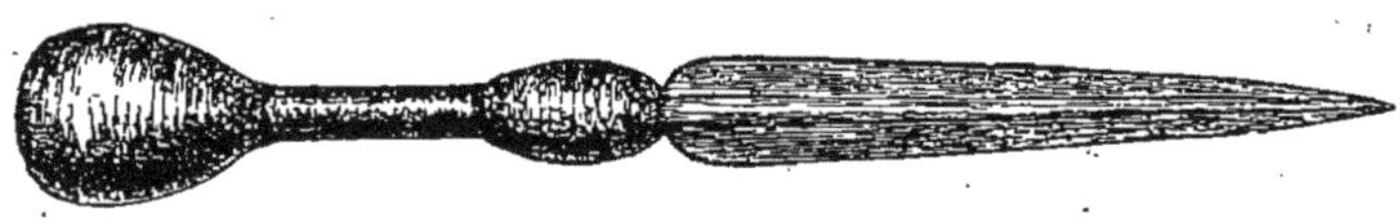

JAVELOT A ÉLÉPHANT, FAIT POUR ÊTRE LANCÉ DU HAUT D'UN ARBRE.

MASSUE EN BOIS DE FER A POINTE ACÉRÉE.

Rarement ils se servent de boucliers, dont la manœuvre est incompatible avec celle de l'arc, et qui entrave la rapidité des mouvements, trait principal de la tactique guerrière des Baris.

Les Baris étant perpétuellement en guerre, tout homme de la tribu est soldat. Passés maîtres dans le jet de la lance, il est rare qu'à 25 ou 30 mètres ils n'atteignent pas la cible la plus petite, et qu'à 40 ou 50 mètres ils manquent un homme. Dès leur plus tendre enfance, les garçons sont continuellement exercés à la manœuvre de la lance et de l'arc; aussi, quoique inférieures au fusil, leurs armes, maniées par des mains si expertes, sont fort dangereuses, surtout pour des tireurs maladroits comme étaient la plupart des soldats de l'expédition.

« Je découvris bientôt, dit sir S. Baker, que les Baris de Gondokoro avaient renoué leurs relations avec ceux de Bélinian, qui habitaient à 20 kilomètres de notre quartier général. Des femmes voyageaient constamment d'un district à l'autre ; elles quittaient Gondokoro portant sur la tête un panier chargé de sel et revenaient à leurs demeures, chacune avec une chèvre tenue en laisse. »

Notre voyageur voyait clairement que la misérable politique des indigènes consistait à affamer les troupes pour les obliger à retourner à Khartoum. Il représenta à Alloron le danger de se jouer d'un lion affamé.

Le cheik grimaça un sourire :

« Vous voulez des bestiaux, dit-il. Eh bien ! je vous donnerai des guides ; vous irez attaquer un de mes voisins et vous vous emparerez de ses troupeaux, qui vous suffiront pour longtemps.

— Je ne veux faire aucun mal à qui ne m'en a pas fait, répondit sir Baker ; et puisque vous refusez de me venir en aide, je ne recevrai plus vos troupeaux sur mes pâturages ; vous les garderez, en conséquence, dans les îles du fleuve. »

Après quoi, il invita Alloron et tous les chefs du pays, y compris le cheik de Bélinian, à la grande fête qu'il voulait donner à propos de l'annexion officielle de cette région à l'Égypte.

Cette cérémonie eut lieu le 26 mai 1871.

Sur le point le plus élevé d'une hauteur dominant le fleuve, le lieutenant Baker avait fait dresser un mât de pavillon d'environ 25 mètres de hauteur. Tous les petits bouquets de bois avaient été rasés ; cet emplacement, au centre d'une contrée ouverte semblable à un parc, aurait fait un admirable champ de course. A six heures du matin, après deux jours de repos pour laver leurs vêtements, les troupes sortirent du camp.

« J'avais, dit sir S. Baker, douze cents hommes et dix pièces rayées de montagne.

« Avec leurs uniformes blancs, leurs élégants koufias, ou voiles, couvrant la tête et retombant gracieusement sur les épaules, les soldats avaient fort bonne mine, et se montrèrent tout à leur avantage en marchant, musique en tête, de la station au mât de pavillon. Quand ils émergèrent des arbres verts et se formèrent par compagnies sur le champ de manœuvres, l'effet fut saisissant. Alloron et ses amis, les chefs de nombreux villages, considéraient avec ébahissement un spectacle si nouveau pour eux.

« Arrivés en face du mât de pavillon, les troupes s'alignèrent, sur deux rangs de profondeur, au milieu du plateau dominant la station. La longue ligne des baïonnettes étincelantes et les coquets uniformes des officiers stupéfiaient les indigènes. Les matelots, les domestiques, les serviteurs du camp avaient revêtu leurs plus beaux habits. Les couleurs dominantes, blanc et rouge, tranchaient agréablement sur les arbres de l'arrière-plan et la surface verte et unie du sol. Mon état-major se composait du lieutenant Baker, du lieutenant-colonel Abd-el-Kader, de trois autres officiers et de M. Higginbotham. Les chevaux étaient dans une excellente condition.

« Après avoir parcouru la ligne, je me plaçai au-dessous du mât. Les troupes se formèrent en carré, l'infanterie occupant trois des côtés, et l'artillerie avec ses dix canons faisant face au fleuve.

« La formalité de la lecture de la proclamation officielle, déclarant, au nom du khédive, l'annexion du pays à l'Égypte, s'accomplit au pied du mât. Au dernier mot de la dernière phrase, le drapeau ottoman, rapidement hissé, flotta à la tête du mât, au gré d'une forte brise. Les officiers baissèrent leurs épées, les soldats présentèrent les armes et les batteries tirèrent le salut royal.

« La cérémonie terminée, les troupes défilèrent, puis, se formant en ordre de bataille, simulèrent une attaque contre un ennemi imaginaire et brûlèrent environ 10 000 cartouches en descendant la rampe en pente douce, qui conduisait au camp temporaire ainsi qu'aux tentes préparées pour le banquet. Arrivés là, et au signal donné par le clairon, les hommes rompirent les rangs et se mirent aussitôt à allumer les feux et à préparer leur dîner. Je crois que c'est le premier jour de réjouissance qu'aient eu les troupes. »

Sir S. Baker donna à Gondokoro le nom d'Ismaïlia, en l'honneur du khédive Ismaïl.

Malgré toute sa solennité, cette prise de possession n'intimida guère les Baris, qui persistèrent à refuser leur aide et toute vente de viande. Les troupes souffraient de la faim : on murmurait dans le camp et quelques soldats désertèrent. On apprit, d'ailleurs, que les Baris n'attendaient que l'arrivée d'Abou-Saoud, soit pour attaquer le camp, soit pour piller et réduire en esclavage les tribus de l'intérieur.

« Le 7 juin, dit sir S. Baker, j'appris que les Baris de Gondokoro s'étaient définitivement alliés contre nous avec les indigènes de Bélinian. Plusieurs fois déjà ils nous avaient attaqués conjointement. Ce jour-là, les indigènes en force s'étant, comme toujours, approchés en rampant derrière les arbres et les buissons, s'élancèrent sur les gardiens des bestiaux, tuèrent un soldat avec une flèche et en blessèrent un autre d'un coup de lance.

« Je donnai aussitôt l'ordre d'attaquer Bélinian la nuit suivante.

« A minuit et demi, je quittai ma station à cheval, avec le lieutenant Baker, M. Higginbotham, le lieutenant-colonel Abd-el-Kader et vingt de mes « Quarante-Voleurs ». Nous marchions dans le plus profond silence pour ne pas éveiller l'attention des vedettes ennemies, qui d'ordinaire rôdaient partout pendant la nuit. En arrivant au quartier

CÉRÉMONIE DE L'ANNEXION OFFICIELLE DE GONDOKORO (26 MAI 1871) (page 41).

général, situé à un mille et demi (2400 mètres) de distance, nous trouvâmes quatre compagnies sous les armes et un canon. A une heure nous partîmes, conduits par un guide bari, nommé Cherroum, qui, avec son ami Morgian, s'était engagé à mon service. Ces deux hommes parlaient arabe.

« Pendant les 3000 premiers mètres, la route de Bélinian se développe dans une région ouverte semblable à un parc. Nous entrâmes ensuite en forêt; en raison de l'obscurité, nous éprouvâmes beaucoup de difficulté à traîner le canon, dont les roues s'embarrassaient à chaque instant dans des souches et des racines. Plusieurs fois, il fallut nous arrêter pour attendre que l'arrière-garde nous rejoignît avec cette pièce peu maniable; je craignais que ces délais forcés ne nous enlevassent la chance de prendre l'ennemi par surprise.

« Pour comble d'ennui, le chemin devint marécageux. Parfois, nos chevaux s'enfonçaient dans la vase presque jusqu'au jarret. La nuit était tellement profonde qu'on ne pouvait apercevoir les fondrières. En ces endroits, il fallait trente hommes pour haler le canon. Le retard devenait sérieux. Le lieutenant-colonel Tayib-Agha, qui commandait les trois compagnies de Soudaniens escortant la pièce de campagne, ordonna à ses hommes de se relayer pour aider les artilleurs à travers les marais et les fourrés.

« La nuit s'écoulait; il commença à pleuvoir. J'étais à l'avant-garde avec le lieutenant Baker, M. Higginbotham et vingt de mes « Quarante-Voleurs ». Raouf-Bey me suivait immédiatement avec cinquante Égyptiens. Il fallait absolument pousser en avant. Tayib-Agha, ayant un guide indigène, pouvait être abandonné à lui-même avec son canon. Je pressai donc le pas, enchanté d'être délivré, pour quelque temps, de l'embarras de l'artillerie.

« Au bout d'une heure environ, nous trouvâmes un terrain solide, un pays plus ouvert et plus accidenté. Les nuages se déchirèrent et la pluie cessa. Nous marchions rapidement au pas de quatre milles (plus de six kilomètres) à l'heure, lorsque tout à coup le guide Cherroum s'arrêta. Nous nous trouvions dans une plaine unie, à notre droite se dressait un bouquet de grands arbres. Cherroum, qui évidemment connaissait chaque pouce du pays, me dit à voix basse qu'il fallait attendre en silence, quelques villages étant groupés aux alentours, et la palissade à attaquer se trouvant dans notre voisinage immédiat.

« Il était près de cinq heures du matin, et quoique nous eussions marché depuis une heure, nous n'étions pas à plus de 14 kilomètres de Gondokoro. J'espérais que cette halte donnerait à l'arrière-garde le temps de nous rejoindre avec le canon qui nous avait occasionné tant de retard.

« Nous restâmes sur place, une demi-heure environ, dans le silence absolu. Pas une étoile ne brillait au ciel; nous étions environnés de si épaisses ténèbres que nous ne pouvions rien distinguer. Enfin la nuit noire s'éclaircit un peu et nous aperçûmes, à droite et à gauche, des masses sombres qui nous parurent être des villages. Nous nous avançâmes rapidement, mais sans faire le moindre bruit. Le jour grandissait, les oiseaux commençaient à gazouiller et nous pouvions voir maintenant les arbres et les hautes tiges de sorgho.

« Tayib-Agha ne paraissait pas, mais il était impossible de l'attendre plus longtemps.

« Nous marchions au pas accéléré, traversant tantôt des champs cultivés, tantôt des bouquets de bois, lorsque tout à coup éclata le cri strident et prolongé qui chez les indigènes est le signal du danger. Il était poussé par une vedette barie qui, plus éveillée sans doute que celles que nous avions dépassées, donnait l'alarme. Ce cri se répéta immédiatement dans diverses directions. Nous n'avions pas de temps à perdre. Cherroum bondit en avant comme une antilope; pour le suivre, nous dûmes prendre le galop. Deux minutes après, nous aperçûmes, à notre gauche, une grande palissade circulaire s'élevant dans une éclaircie de la forêt. Nous nous élançâmes à fond de train, suivis de près par les « Quarante-Voleurs » qui couraient comme des lévriers. Nous entourâmes la palissade, du haut de laquelle les indigènes commencèrent à lancer leurs flèches. Les Égyptiens étaient arrivés. La lumière encore incertaine du jour ne nous permettait pas de voir les flèches dans leur vol; un soldat fut blessé, un autre eut son pantalon traversé et une flèche se ficha dans la selle de M. Higginbotham. Les traits nous arrivaient par nuées. Les « Quarante-Voleurs » ouvrirent le feu, tandis que les Égyptiens se mettaient en ligne, à environ 40 à 50 mètres de la palissade : grave imprudence! La place attaquée étant circulaire, et les troupes tirant sur un centre commun, les balles passaient à travers les interstices des poteaux en bois dur de la palissade et venaient nous siffler aux oreilles. Le ciel était gris et le jour suffisant pour nous laisser apercevoir la porte de la palissade. Les clairons sonnèrent le « cessez le feu » et je me préparai à forcer l'entrée, arche étroite d'environ $1^{m},80$ de hauteur, formée de pièces de bois dur impossible à briser, close par des traverses d'ébène bari et protégée par une masse de plantes épineuses amoncelées sous la voûte et matelassant les traverses.

« J'ordonnai au lieutenant-colonel Abd-el-Kader de forcer le passage. Il se mit immédiatement à l'œuvre, avec le lieutenant Baker, M. Higginbotham et un détachement des « Quarante-voleurs », tandis que d'autres hommes du même corps, postés contre la palissade, faisaient un feu nourri pour protéger l'attaque.

« Cependant l'immense tambour des défenseurs ne cessait de tonner, appelant à la rescousse tous les gens du voisinage. A ce signal répondirent les roulements d'innombrables tambours, près et loin.

« Le jour étant tout à fait venu, je pus voir les indigènes

COMBAT A BÉLINIAN.

accourir de toutes parts et se disposer à entourer notre position. J'échelonnai mes hommes en tirailleurs tout autour de la circonférence, face en arrière, à environ 70 mètres de la palissade, pendant que la petite troupe continuait l'attaque de la porte.

« Les carabines sniders et le feu soutenu des « Quarante-Voleurs » eurent bientôt éclairci le vol de flèches, et les indigènes, trouvant qu'il faisait trop chaud pour eux, s'élancèrent subitement par une issue secrète, traversèrent nos lignes, nécessairement très espacées, et gagnèrent la forêt. Au même instant, la porte tomba et nous nous précipitâmes dans l'intérieur. Six cents vaches tombèrent en notre pouvoir.

« La palissade, ou zériba, extrêmement forte, était formée de billes massives de bois de fer, profondément enfoncées dans le sol et si étroitement jointes qu'en tirant à distance, à peine une balle sur dix se serait fait jour par les interstices. Le meilleur moyen d'attaquer les forteresses circulaires est de s'en approcher vivement et de passer le canon du fusil à travers les crevasses; la palissade protège ainsi les assaillants, qui naturellement ne sont exposés à aucun feu d'enfilade.

« Les indigènes se rassemblaient alors de toutes parts; mais nous étions maîtres du terrain et, quoique mon détachement ne se composât que de soixante-dix hommes, j'occupais une position imprenable où je pouvais tenir jusqu'à l'arrivée de Tayib-Agha. Je plaçai, en conséquence, quelques-uns de mes « Quarante-Voleurs » en tirailleurs, à 150 pas environ du centre, les cachant partout où je trouvais un couvert convenable. Le feu des sniders tint l'ennemi à une distance respectueuse; moi-même je tirai quelques balles à longue portée, afin d'apprendre aux indigènes la véritable valeur de cette carabine.

« Le soleil était levé; des nuages de vapeur s'élevaient du

sol humide et des arbres dégouttants de rosée. Je fis incendier quelques huttes de chaume, dans l'espoir que le volume de fumée attirerait l'attention du détachement de Tayib-Agha qui, évidemment, s'était égaré; sinon, il aurait dû se rallier au bruit de nos décharges.

« Il arriva enfin avec son détachement, se plaignant amèrement de son guide, qui, disait-il, l'avait intentionnellement égaré. Le fait n'était pas exact; dans l'obscurité, cet homme s'était égaré lui-même, en cherchant un meilleur chemin pour le canon.

« Les sniders nous avaient débarrassés des indigènes, qui, nous voyant renforcés par le détachement de Tayib-Agha, comprirent que la chance était pour nous. Dans l'éloignement et perchés sur des arbres comme des cormorans, ils surveillaient tous nos mouvements et pouvaient voir nos hommes rôtissant les bœufs qui jadis leur avaient appartenu.

« Il s'agissait maintenant de rentrer au camp et d'y conduire le troupeau, fruit de notre victoire. Après avoir fait une reconnaissance dans le voisinage, afin d'en chasser les Baris et d'avoir, au départ, la liberté de nos mouvements, la porte de la palissade fut ouverte et les bestiaux sortirent.

« Ils avaient l'air farouche et, un moment, je craignis de les voir tous détaler. Quelques sifflements et des encouragements en langue barie les calmèrent et ils se mirent en route, escortés, sur les flancs, par les troupes, et précédés, à cinquante pas de distance, par une avant-garde. Le canon et les « Quarante-Voleurs » fermaient la marche.

« Nous arrivâmes à Gondokoro et à la station une heure environ après le coucher du soleil. Notre absence n'avait duré que dix-neuf heures. »

Le 9 juin, on vit arriver Abou-Saoud. Il informa sir S. Baker qu'Agad étant mort, c'était lui, son gendre, qui dirigeait maintenant la compagnie, et il se mit à dresser ses tentes sur la rive ouest du fleuve avec l'aide des Baris. Son attitude hostile s'étant manifestée par cette alliance avec les ennemis de l'expédition et par plusieurs autres actes très significatifs, sir Baker lui écrivit officiellement pour stigmatiser des agissements dont lui, représentant le khédive, ne pouvait tolérer la continuation. Il l'avertissait qu'à l'expiration prochaine de son contrat, il eût à se retirer, avec ses gens, de tout le district, et que les bestiaux détournés par lui dans ledit district étaient confisqués au profit du gouvernement.

Sir S. Baker eut à se repentir de ne pas avoir fait arrêter tout d'abord Abou-Saoud, qui, sans tenir compte de son avertissement, excita les Baris d'Alloron et ceux de Bélinian à des attaques incessantes contre l'expédition, où, dans le même temps, l'on souffrait de la fièvre, de la dysenterie et surtout d'ulcérations aux jambes, affection qui semblait contagieuse et qui, en certains cas, détruisait complètement le pied.

De tout cela devait naturellement naître un profond découragement. Écrasés de fatigue — il fallait à la fois construire le camp et combattre les Baris, — menacés d'une disette prochaine, — l'effroyable état du fleuve interdisant l'espoir de voir arriver les approvisionnements de blé expédiés de Khartoum, — les hommes ressentaient amèrement la situation. Et toutes ces misères, ils devaient les supporter pour une cause qu'ils avaient en exécration : « la suppression de la traite des esclaves. »

« Nous avions d'autres ennemis que ceux de la terre ferme, dit sir S. Baker : je veux parler des crocodiles des environs de Gondokoro, dont la férocité passe tout ce qu'on pourrait imaginer. Les indigènes étant obligés, chaque jour, d'entrer dans l'eau avec leurs bestiaux, les astucieux amphibies avaient pris l'habitude de prélever sur eux un droit de passage, sous la forme d'un veau, d'une vache ou d'un nègre. Ils enlevèrent ainsi deux matelots d'Abou-Saoud.

« Un de nos soldats, marchant dans l'eau avec plusieurs

de ses camarades, dans un endroit où la profondeur ne dépassait pas 0m,60, fut saisi par un crocodile. Pris à la jambe, au-dessous du genou, il se débattit vigoureusement et enfonça ses doigts dans les yeux de l'animal; ses camarades vinrent à son secours et le sauvèrent d'une mort certaine; mais l'os de sa jambe était tellement broyé qu'il dut subir l'amputation.

« Un autre accident arriva à l'un de mes matelots. Avec beaucoup d'autres, il récoltait les feuilles d'une espèce de convolvulus qui remplace avantageusement les épinards. Cette plante, dont la racine s'enfonce dans la vase de la berge, s'étale sur la surface de l'eau, où ses fleurs écarlates produisent le plus bel effet.

« Ce matelot se penchait sur le rivage pour cueillir les feuilles flottantes, lorsqu'il fut saisi au coude; ses camarades, accourus à ses cris, le prirent par la taille et empêchèrent qu'il ne fût entraîné dans le fleuve. Le crocodile, qui avait goûté le sang, ne voulut pas lâcher prise; il tira si bien qu'il détacha l'avant-bras et se retira en emportant sa proie. L'infortuné, presque mort d'angoisse, fut rapporté au camp, où il fallut l'amputer un peu au-dessus de la jointure lacérée.

« Une autre fois, une de nos femmes, qui était allée laver au fleuve, ne revint pas. Ceci se passa près de notre dahabièh, et comme l'eau avait, en ce lieu, peu de profondeur, nous ne pûmes douter qu'elle n'eût été saisie par un crocodile.

« Les jours suivants, je réussis à tuer plusieurs de ces animaux formidables. L'un d'eux, mortellement blessé, fut traîné jusqu'au camp, où, mesuré au ruban, il donna une longueur d'environ 3m,60 du bout du museau à l'extrémité de la queue.

« Son estomac contenait environ 5 livres pesant de cailloux; en se repaissant de quelque chair déposée sur le banc de sable, il avait avalé, en même temps, tous les graviers qui y adhéraient. Mêlée aux cailloux se trouvait une matière vredâtre et visqueuse, d'apparence laineuse et renfermant les preuves convaincantes que le monstre s'était rendu coupable de meurtre volontaire : c'était un collier et deux bracelets semblables à ceux que portent les jeunes négresses. Notre malheureuse blanchisseuse avait été surprise pendant son travail et digérée. . . . . . .

« J'ai souvent rencontré des crocodiles de plus de 5m,40 de longueur, et il est certain qu'il en existe dont la taille dépasse 6 mètres; mais de moins grands sont tout aussi redoutables : un animal de petite taille entraîne aisément un homme à la nage.

« Le crocodile n'avale pas sa proie tout d'un coup; il la porte dans son garde-manger de prédilection, c'est-à-dire, généralement, dans un trou très profond; là il est tout à l'aise pour la démembrer, à l'aide de ses dents et de ses ongles, et pour la dévorer à loisir. »

Le campement des « Quarante-Voleurs » était terminé depuis quelque temps déjà et les jardins étaient en pleine floraison.

Aux débuts de l'expédition, ce petit corps méritait parfaitement son nom; mais, dans la suite, sir S. Baker n'eut qu'à se louer de la sollicitude qu'il lui témoignait. Il avait institué un code d'honneur, et ce code fut si exactement suivi que bientôt les « Quarante » en arrivèrent à considérer le vol comme un acte honteux. Ne fait-il pas partie des « Quarante » ? disait-on généralement, quand un doute s'élevait sur la conduite d'un soldat. Le fait d'appartenir à ce corps d'élite constituait un brevet de probité.

Les « Quarante » se distinguaient des régiments de ligne par leur uniforme écarlate. Ils portaient une chemise de flanelle rouge tombant sur une culotte de zouave et retenue, autour de la taille par une ceinture garnie d'une cartouchière. Des guêtres blanches et un fez rouge entouré d'un turban bleu cobalt complétaient cette élégante tenue.

MATELOT MUTILÉ PAR UN CROCODILE (page 51).

En activité de service, les officiers étaient armés de carabines sniders ; le corps complet comprenait donc 48 carabines, y compris celles de sir S. Baker et de son neveu, le lieutenant Baker.

Dix hommes, spécialement choisis, formaient la garde du corps du commandant en chef.

Les « Quarante » auraient suivi leur chef sans murmurer à travers le feu et l'eau. Dans l'action, ils étaient toujours en avant ; les autres troupes les suivaient des yeux avec anxiété et même avec orgueil. Lancés en tirailleurs, ils escaladaient les rochers, se glissaient dans les fourrés et chassaient l'ennemi avec un entrain irrésistible. Les soldats de ligne considéraient comme un honneur de passer aux « Quarante », dont l'esprit de corps était si parfait qu'en cas de vacance pour maladie ou autrement, les hommes faisaient une enquête sur le candidat et refusaient de l'admettre parmi eux si sa réputation laissait quelque chose à désirer.

La station, établie à une certaine distance du quartier général, était fort avantageusement située ; bordée au nord par un lac profond, à l'est par le Nil Blanc, on n'y pouvait arriver que de deux côtés, l'un desquels était défendu par le camp des « Quarante-Voleurs ».

Malgré les avertissements qui leur avaient été donnés, les indigènes de Bélinian, ligués avec les Baris de Gondokoro, poursuivaient nuitamment leurs tentatives contre les bestiaux et tenaient perpétuellement les hommes en alerte.

Le 28 juin, un Bari fut tué d'un coup de feu ; un autre, saisi par les sentinelles, fut pendu à un arbre dans le sentier même que suivaient les indigènes de Bélinian pour attaquer le camp.

C'était un avertissement ; il fut inutile. Les incursions continuèrent plus audacieusement que jamais.

Le 10 juillet, en plein jour, le pâturage des bestiaux fut envahi par plusieurs centaines de Baris. On les rejeta dans la forêt; mais un soldat avait été tué, un autre blessé; sir S. Baker lui-même et le lieutenant Baker n'échappèrent aux flèches que par la rapidité de leurs mouvements.

Les attaques avaient surtout lieu pendant la nuit, l'obscurité diminuant le danger des armes à feu. C'était un excellent exercice pratique pour les soldats, forcés de se tenir toujours sur le qui-vive, mais très fatigant aussi, puisque, travaillant tout le jour, ils ne pouvaient reposer la nuit.

Les assaillants s'avançaient dans le plus profond silence, marchant sur les mains et les genoux, sautaient subitement sur les sentinelles et, avec des hurlements sauvages, se précipitaient sur le campement.

Imprévue, cette attaque soudaine est fort dangereuse, et c'est ainsi que des corps considérables de chasseurs d'esclaves ont été complètement détruits.

Désirant se faire des amis des Loquias, leurs anciens adversaires, les Baris les invitèrent à se joindre à eux pour attaquer Gondokoro. Les Loquias accueillirent ces ouvertures, et l'expédition se vit ainsi en présence d'une puissante coalition.

En même temps, Abou-Saoud et ses gens, fidèles à leur œuvre de trahison, entretenaient des relations suivies avec l'ennemi et fournissaient des munitions aux indigènes de Bélinian.

« Le 21 juillet, à une heure du matin, dit sir S. Baker, je fus réveillé, dans ma station, par un bruit de fusillade venant du quartier général.

« Habillé et armé en quelques minutes, je fis donner l'alarme, et les « Quarante » se rangèrent aussitôt en ordre de bataille.

« J'entendais les clairons du quartier général, dont le son se mêlait à un bruit confus de tambours, de cornets et de hurlements. Les premiers coups de feu semblaient provenir des sentinelles; ils furent presque immédiatement suivis de feux de file bien nourris. Évidemment, une attaque avait eu lieu et un combat régulier s'engageait au quartier général; probablement, ma petite troupe de réserve aurait bientôt à agir. On lui distribua des munitions; nous nous tînmes prêts à tout évènement.

« L'action devenait, en effet, de plus en plus chaude, ainsi qu'en témoignait le redoublement des cris des indigènes et des éclats de leurs cornets.

« Je m'attendais, à chaque instant, à entendre le bruit du canon et je me figurais l'effet que produirait le feu de dix pièces chargées à mitraille sur cette masse d'ennemis; mais il ne nous parvint aucun autre son que celui du roulement de la mousqueterie.

« Au bout d'une demi-heure, les cris des indigènes s'éteignirent peu à peu, en même temps que s'affaiblissait le son du tambour et des cornets, et que les feux de peloton faisaient place à des coups de fusil isolés. J'entendis les clairons commander d'abord de cesser le feu, puis sonner la charge.

« Le feu recommença par volées; une nouvelle sonnerie fit cesser le feu; enfin une autre ordonna la retraite. Décidément l'attaque était repoussée.

« Le lendemain matin, avant le lever du soleil, j'allai chercher des nouvelles au camp. J'appris que les sentinelles avaient été surprises. Nos pertes consistaient en un caporal tué, un lieutenant et un soldat blessés. »

Dans cette attaque, les Baris et les Loquias, munis de brandons, avaient tenté d'incendier le camp, qui fut préservé, grâce à son enceinte d'épines et au feu bien nourri de douze cents carabines; mais de plus fortes surprises pouvaient être à craindre. Sir S. Baker jugea nécessaire de faire construire au quartier général, outre un ouvrage triangulaire pour sauvegarder les vaches laitières, des forts, un fossé et un talus avec des bastions montés de dix canons.

Il voulut ensuite donner aux indigènes une leçon plus sévère encore que les précédentes.

« Je savais, dit-il, que les Baris du mont Bélinian étaient bien pourvus de fusils et de munitions pris sur les trafiquants d'esclaves, quelques années auparavant. Un jour, ils avaient tué cent vingt-six hommes et s'étaient emparés de leurs armes et de plusieurs caisses de cartouches.

« Maintes fois ils avaient ainsi détruit de petits détachements, étant toujours en guerre avec Abou-Saoud depuis l'assassinat de leur cheik et de sa famille.

« Mais, depuis leur récente alliance avec les Baris de Gondokoro, une certain nombre de ces Bélinians avaient cessé de se montrer hostiles à Abou-Saoud. Ils avaient établi des relations avec ses gens et échangeaient avec eux du tabac contre des munitions.

« Le 30 août 1871, je partis avec 450 hommes, un canon et un obusier pour fusées de 1^k,300. La garde de ma station était confiée à vingt des « Quarante-Voleurs » et à trente soldats de ligne. Le capitaine du dahabièh, où restait ma femme, devait s'éloigner de la rive chaque nuit et mouiller au milieu du courant.

« J'avais, dès la veille, donné des ordres précis pour le départ à une heure après midi. En arrivant ponctuellement au quartier général, je fus surpris de voir que ni officiers ni hommes n'étaient prêts. Le colonel Raouf-Bey, profondément endormi, dut être éveillé par la sentinelle.

« Une autre infraction du même genre à la discipline coûta a vie au major Achmet Rafik.

« Cet Achmet Rafik, Turc accompli, était depuis longtemps au service; il avait fait la campagne de Crimée et celle d'Arabie, sous Abbas-Pacha. Il connaissait son devoir, mais l'esprit de mécontentement qui régnait parmi les troupes semblait avoir oblitéré son jugement; au lieu de se trouver à son poste, il dormait au moment où les troupes se mirent en marche.

« Il faisait nuit noire; je ne m'aperçus pas de son absence.

« Une fois réveillé, il s'habilla lestement, boucla son sabre et son revolver ; un fusil double à la main, il s'efforça de rattraper le détachement et s'égara dans l'obscurité. »

Il fut surpris en route par les Baris et tué.

Le but de l'expédition n'était pas seulement de châtier les Baris : elle devait aussi servir à renouveler les approvisionnements de sorgho qui tiraient à leur fin. Le moment était favorable : c'était le temps de la moisson et les champs étaient couverts de blé mur.

Au point du jour, on arriva dans la vallée de Bélinian, devant les contreforts de la montagne, où étaient disséminés quelques centaines de villages pour la plupart entourés de palissades. Les indigènes, avertis et bien résolus à défendre leurs grains et leurs bestiaux, étaient armés de fusils et firent une résistance énergique; mais d'habiles mouvements stratégiques et l'assaut à la baïonnette chassèrent les Baris et leurs alliés de la principale palissade. Ils commencèrent alors à escalader les rochers et à gravir la montagne avec une agilité de babouins, éperonnés comme ils l'étaient par le feu nourri des carabines sniders.

Après avoir fait incendier les palissades, on choisit un emplacement pour le bivouac de nuit. On ne trouva pas moins de six formidables enceintes sur une superficie d'un hectare et demi. On les occupa; puis on employa les journées à moissonner le blé. Mais, comme d'habitude, les soldats, qui répugnaient à tout autre service que celui de se battre, travaillaient mal; on récoltait peu.

Sir S. Baker découvrit même un jour que des soldats de l'expédition avaient brûlé des provisions de blé, espérant toujours que l'on serait obligé de retourner à Khartoum. Heureusement, on put prévenir le retour de pareils actes, grâce à l'attitude des « Quarante-Voleurs ».

« Ceux-ci, dit sir Baker, étaient de parfaits *gentlemen*, comparés aux soldats de ligne. »

Les Baris, si rudement vaincus, demandèrent à entamer des négociations.

Pendant les pourparlers, des milliers de femmes et d'enfants accoururent pour emplir de blé des paniers.

Dans l'impossibilité où l'on était de compter sur les soldats pour rivaliser de zèle et d'activité avec cette multitude, sir S. Baker alla chercher deux cents matelots pour en faire des moissonneurs.

« Malgré l'espèce de trêve qui avait été convenue, nos gens ne pouvaient s'éloigner des enceintes sans être exposés aux attaques des rôdeurs indigènes. Un soldat fut blessé au bras, deux femmes furent complètement dépouillées de leurs vêtements, un artilleur, qui allait puiser de l'eau, fut tué à coups de lance.

« Par représailles, je pris et incendiai plusieurs palissades ; j'attaquai ensuite une position fortifiée, située sur la montagne, à environ 105 mètres d'altitude, et je la détruisis de fond en comble. »

Cette petite guerre, qui se prolongea jusqu'au commencement du mois d'octobre, eût été interminable si sir S. Baker n'avait pas eu recours à un système qui, ainsi que le prouva le succès, était le plus sûr qu'on pût trouver pour décourager les indigènes.

Au moyen de tirailleurs postés à quelque distance les uns des autres, sur une grande étendue de terrain et bien cachés, il parvint à éloigner les Baris, et après trente-cinq jours passés à Bélinian, on put enfin considérer les indigènes comme domptés.

La station était complètement terminée et bien défendue. Le campement de sir S. Baker était une merveille d'installation. Il avait ensemencé 80 ares du plus beau coton égyptien, rendu productif chaque centimètre de terrain, fait tailler les herbes; son dahabièh, qui lui servait d'habitation, était paresseusement mouillé près de la berge où s'élevait la maison d'été entourée d'un jardin en pleine floraison, perle de civilisation enchâssée au cœur de la sauvage Afrique. Le service médical était bien organisé.

Lady Baker avait dressé au service intérieur quelques jolies filles de dix-sept à dix-huit ans et une demi-douzaine de petits garçons; parmi ces derniers se trouvait un jeune Abyssin, nommé Amarn, gentil petit bonhomme dont la peau brune semblait presque blanche à côté du teint de charbon de ses camarades. Son visage contrastait avec le type nègre et il l'emportait en intelligence sur tous les Centre-Africains.

Tout le monde était bien vêtu et tenu sous la règle d'une forte discipline.

Les filles étaient placées sous la direction de la vieille Karka, qui avait accompagné sir S. Baker dans son premier voyage. C'était une créature excellente, mais coquette à l'excès; dans les grandes occasions, elle ne manquait jamais de s'envelopper d'un nuage de mousseline blanche, bordée et frangée de rouge, comme une jeune beauté abyssine. Il fallait la voir sortir de sa hutte dans son costume de cérémonie! Sa large face grimaçait des sourires; elle se croyait universellement admirée.

Une nouvelle calamité était venue fondre sur l'expédition: la peste chevaline. Bientôt il ne resta plus que neuf chevaux sur vingt et un amenés du Caire.

Mais l'épreuve la plus pénible pour sir S. Baker fut de voir l'esprit d'opposition qui, à cette période de sa mission, semblait s'accroître autour de lui. Ses officiers et ses soldats ne comprenaient pas qu'il n'eût pas profité de la défaite des Baris pour réduire en esclavage au moins les femmes et les enfants. C'était seulement en usant de sévérité qu'il maintenait la discipline : il fut obligé, par exemple, de condamner au fouet plusieurs soldats qui, contrairement à des ordres exprès, avaient pillé des villages.

Une crise intérieure, que beaucoup de symptômes avaient fait pressentir, menaça de mettre l'expédition en péril.

« Le 13 octobre 1871, dit sir S. Baker, je reçus une lettre de Raouf-Bey en renfermant deux autres signées par les officiers, à l'exception de ceux des « Quarante-Voleurs ». On m'y demandait l'abandon de l'entreprise et le retour à Khartoum, en se fondant sur la misère où l'on était et sur l'approche de la disette. Ces lettres, de la même écriture, avaient dû être dictées par un supérieur : je les attribuai immédiatement à Raouf-Bey, l'ami d'Abou-Saoud, dont il se faisait ainsi le complice.

« Ces lettres me navrèrent, mais je n'y fis aucune réponse. Je me contentai d'ordonner à Raouf-Bey de mettre sur-le-champ sous les armes six compagnies et de m'attendre au quartier général. »

Sir S. Baker embarqua sans dire mot ces compagnies, et après avoir remonté le fleuve pendant 11 kilomètres, il les fit descendre à terre.

En leur présence, il proposa aux indigènes d'acheter du blé, en offrant une vache en échange de chaque gougo de sorgho (petit grenier d'une capacité de 40 boisseaux, ou 1440 litres). Les Baris ne lui répondirent que par des injures. Déployant alors sa troupe, il s'avança vers le mont Redgiaf, d'où l'on découvrit d'un coup d'œil un nombre considérable de villages et de greniers à blé. Les officiers noirs, qui jusque-là avaient toujours affirmé que le pays manquait de céréales, parurent stupéfaits. Ils s'écrièrent :

« Ouah-Illah ! Le pacha sait tout. Qui aurait pu croire, à Gondokoro, qu'à un jour de marche il y avait assez de blé pour un approvisionnement de deux ans ?

— Deux ans ! reprit un autre ; nous ne pourrions manger ce blé en dix ans. »

A la suite de cette découverte, l'esprit de révolte s'apaisa : du reste, on ne s'approvisionna pas, comme on peut le croire, sans beaucoup de temps, de travail et maints nouveaux combats avec les indigènes, qui luttèrent de leur mieux pour défendre leur blé.

Le retour à Ismaïlia semblait devoir être triomphant; mais, tandis que sir S. Baker présidait à cette razzia de blé, on le trahissait à Gondokoro.

Le 3 novembre, sans attendre son retour, trente navires étaient partis de Gondokoro pour Khartoum avec 1100 femmes, enfants, matelots, soldats et malades.

« En dépit de mes ordres formels de n'expédier à Khartoum que les gens véritablement malades, dit sir S. Baker, Raouf-Bey, profitant de mon absence, avait renvoyé un grand nombre d'hommes bien portants, réduisant, par cette manœuvre, les forces de l'expédition à 502 soldats seulement, y compris les officiers, les clairons, les tambours, les commis, etc., et 52 marins. Une expédition qui devait comprendre 1645 hommes se trouvait ainsi réduite à 554, nombre si faible que la possibilité de nous avancer dans l'intérieur nous semblait définitivement enlevée.

« Selon toute apparence, Abou-Saoud avait atteint son but: l'expédition était paralysée. On supposait qu'avec une aussi petite troupe je n'oserais bouger du quartier général; et mon engagement expirant le 1er avril 1873, je n'avais plus devant moi que seize mois, délai trop court pour exécuter mes projets. »

C'était un coup terrible. Sir S. Baker ne désespéra point. Il songea, au contraire, au moyen de se mettre définitivement en marche pour le sud.

Le 10 novembre, il prit 150 hommes pour faire une reconnaissance jusqu'aux dernières cataractes du Nil Blanc, à 25 kilomètres au sud de son campement. On partit de bonne heure, longeant le haut plateau parallèle au fleuve. Rien ne surpasse la beauté de cette région, en tant qu'établissement agricole. Les longues ondulations en pente douce étaient couvertes de villages, tous contenant des greniers regorgeant de céréales.

Arrivée près du lit desséché d'une large rivière, la troupe gravit une pente et se trouva en présence d'un groupe considérable d'indigènes qui, au grand étonnement de sir S. Baker, non seulement ne fuyaient pas à son approche, mais dont les allures n'avaient rien d'hostile.

Laissant sa carabine entre les mains d'un de ses « Quarante », il s'avança avec son interprète bari, Morgian, et, pour la première fois, reçut des Baris une réponse polie. Ils dirent que, quoique Baris, ils n'avaient aucun rapport avec ceux qui l'avaient combattu; qu'ils étaient gouvernés par un cheik nommé Bedden, dont le territoire était limité par le torrent que l'on venait de traverser. Ils promirent à sir S. Baker pour le lendemain la visite du cheik, ajoutant que, s'il avait besoin de blé, ils lui en fourniraient.

Cette population n'avait jamais eu de relations avec les marchands d'esclaves, ceux-ci ayant probablement craint de molester une aussi puissante tribu.

Sir S. Baker regagna la station avec la satisfaction d'avoir enfin rencontré des amis.

Selon la promesse faite, le lendemain, vers trois heures de l'après-midi, le cheik Bedden se présenta accompagné d'au moins sept cents de ses sujets.

Pour le recevoir dignement, en même temps que pour prévenir une trahison, sir S. Baker disposa une ligne de cent hommes à environ 100 mètres de la berge près de laquelle était mouillé son dahabièh, et une autre de cinquante hommes, à angle droit avec le fleuve, de façon à former les deux côtés d'un carré. Sur le fond fut placée la pièce de campagne chargée à mitraille.

Introduits dans le carré, Bedden et ses gens s'y accroupirent, après avoir fiché leurs lances en terre.

Sir S. Baker reçut Bedden et quelques-uns de ses dignitaires à bord de son dahabièh. Il lui donna une longue chemise bleue, une ceinture écarlate, un fez rouge, trois kilos de perles de diverses couleurs, quelques rangs de grelots et un clairon; ce dernier cadeau rendit l'Africain littéralement fou de joie.

Les indigènes croient à la sorcellerie, et chacun de leurs cheiks possède des charmes et des exorcismes. Ils portent, en guise de talismans, des carapaces de tortues, des griffes de lion et de léopard, des nœuds d'arbre d'une forme particulière.

Le perroquet de lady Baker passait pour un kodjour ou fétiche. C'était une bête de l'Afrique occidentale, inconnue dans ces régions. L'interprète raconta aux indigènes que cet oiseau parlait comme un être humain, qu'il volait par le pays, écoutant ce qu'on disait et le rapportant à sa maîtresse et à sir S. Baker lui-même; qu'ainsi ils savaient tout ce qui se passait et qu'on ne pouvait les tromper.

Ce perroquet, très privé, n'était jamais enfermé. Il se promenait sur le pont du dahabièh, tandis que l'interprète Morgian expliquait aux indigènes ébahis et effrayés l'incroyable puissance dont cet animal était doué. Tout à coup il s'élança contre Bedden et chercha à lui mordre le gros orteil; le cheik fit un bond en arrière et prit aussitôt congé de nous.

La batterie électrique et la boîte à musique furent également considérées comme appartenant au monde surnaturel.

Au coucher du soleil, les indigènes s'éloignèrent. Le cheik se trouvait dans la plus heureuse situation d'esprit, grâce à une copieuse rasade de vin de Marsala qu'il avait ingurgitée, sans doute dans le but d'en constater la qualité.

Le 13 novembre au point du jour, sir S. Baker, assis sur le pont de son dahabièh, savourait sa pipe et son café, lorsqu'on vint lui annoncer qu'on avait aperçu, vers l'ouest, un troupeau d'éléphants mâles s'avançant dans la direction de la station.

Bientôt, en effet, onze éléphants, côtoyant la rive du fleuve, s'approchèrent jusqu'à une distance d'environ 360 mètres, balançant leurs trompes et leurs oreilles, sans s'occuper, en apparence, ni des hommes, ni des navires.

Sur les collines bornant l'horizon s'agitaient les indigènes, attirés par cette aubaine imprévue; car il est rare de rencontrer de ces grands pachydermes dans une région aussi ouverte et aussi peuplée.

« J'ordonnai à mes hommes, dit sir Baker, de courir vers les hauteurs, de tourner les éléphants et de s'arrêter à deux cents pas en arrière, en se déployant en tirailleurs. Cette ligne de chemises rouges devait, selon toute probabilité, arrêter les éléphants, dans le cas où, effrayés par le feu, ils auraient cherché à prendre la fuite.

« Je montai mon vaillant petit cheval Gridy Grey, et le terrain étant aussi uni qu'un champ de courses, je gravis la pente de façon à me trouver sous le vent des animaux. Je galopai à toute vitesse; les indigènes, réunis sur la rive orientale de la rivière, jetaient des cris d'étonnement.

« En quelques minutes, j'arrivai au plateau, à 80 ou 100 mètres au-dessus des animaux qui venaient de s'arrêter près de la berge. Ils regardaient curieusement le cheval et se pressaient l'un contre l'autre.

« Cependant mes « Quarante », coureurs de premier ordre, avaient escaladé les hauteurs et s'étaient déployés en une longue ligne, depuis la pente jusqu'au bord du fleuve.

« Les éléphants se trouvaient alors complètement entourés; ils avaient en face mon dahabièh et son équipage; sur un des flancs, moi-même et mes domestiques accourant avec leurs carabines; sur l'autre, une eau profonde d'environ 100 mètres de largeur, et à l'arrière une ligne de vingt soldats.

« J'allais mettre pied à terre, lorsque tout à coup les éléphants firent demi-tour et se dirigèrent vers le fleuve.

« Je me précipitai de leur côté; mais quand j'arrivai les éléphants avaient déjà gagné l'autre bord. Là ils se trouvaient dans un grand embarras. L'eau était profonde et la rive de l'île s'élevait perpendiculairement à six pieds au-dessus du niveau. Ils ne pouvaient atterrir qu'en brisant l'obstacle de façon à le convertir en plan incliné.

« Déjà les monstrueuses bêtes, familiarisées avec de semblables difficultés, creusaient la terre avec leurs défenses et leurs pieds cornés.

« Le tir était difficile, les éléphants me tournant le dos et se trouvant à une distance de plus de 100 mètres. Je leur envoyai, sans succès, plusieurs balles numéro huit, visant toujours derrière la tête.

« Pendant ce temps la rive avait déjà cédé et les masses détachées comblaient en partie la profondeur de l'eau. Prenant pied sur la terre vaseuse, les éléphants faisaient des efforts inouïs. A la fin, un grand mâle, parvenu à la moitié de son ascension, présenta le flanc pendant un instant; je fis feu et lui logeai dans le corps une balle Reilly numéro huit. Il dégringola dans le fleuve, et ses convulsions violentes l'ayant amené à 20 mètres de mon affût, une balle dans la tête le tua raide.

« La berge était complètement détruite; un éléphant en avait atteint la crête. Je fis feu avec une carabine Holland portant une balle de 225 grammes, chargée avec 21 grammes de poudre fine; le recul m'arracha l'arme des mains et la lança à plusieurs mètres de distance. L'éléphant tomba sur ses genoux, puis roula dans le courant, qui l'emporta comme le premier.

« J'envoyai une autre balle dans l'épaule d'un éléphant qui venait d'escalader la berge et gagnait le terre-plein de l'île. C'est alors que je m'aperçus que mes munitions étaient

LES ÉLÉPHANTS DANS L'EMBARRAS.

épuisées. J'eus le crève-cœur, que tout chasseur comprendra, d'assister, les bras croisés, au défilé des éléphants escaladant la berge l'un après l'autre et me présentant le flanc.

« Après avoir abordé l'île, les pachydermes s'y arrêtèrent quelque temps avant de se décider à traverser l'autre bras du fleuve. Comme nos bateaux descendaient le courant à la poursuite des cadavres (qu'ils n'atteignirent qu'à 3 kilomètres en aval)[1], il nous était impossible de passer dans l'île, les rocs, dont le fleuve était sillonné, en rendant la traversée impossible aux navires. Je dus me contenter de lancer quelques fusées, dont l'une effleura la trompe d'un éléphant. Les animaux ébahis détalèrent. J'essayai alors de la pièce de campagne, mais sans résultat. »

La chasse aux éléphants produisit un effet excellent auquel sir S. Baker ne s'attendait certainement pas.

Le bruit du canon, entendu au loin, avait éveillé la curiosité des indigènes qui, descendant des hauteurs voisines, avaient vu de loin la mort de plusieurs éléphants. Les gens de Bedden accoururent par centaines et reçurent, avec des transports de joie, l'autorisation de prendre autant de viande d'éléphant qu'ils en désiraient.

Les deux têtes avaient été apportées à sir Baker ; quant aux indigènes, ils dépouillaient activement les os de la moindre parcelle de chair.

Cependant les ennemis, groupés en foule sur les hauteurs, observaient les heureux Baris de Bedden qui, semblables à des vautours, se disputaient les débris des immenses carcasses d'éléphants. De la chair fraîche, quelle irrésistible ten-

1. La pesanteur spécifique de l'éléphant diffère considérablement de celle de l'hippopotame. Invariablement, ce dernier coule quand il est tué et son corps ne surnage qu'au bout de deux heures, temps nécessaire pour la dilatation des gaz contenus dans l'estomac. Au contraire, le corps de l'éléphant flotte aussitôt après la mort et peut même supporter le poids de plusieurs personnes. La cavité interne est beaucoup plus grande chez l'éléphant que chez l'hippopotame ; celui-ci est une masse compacte de chair recouverte d'une peau excessivement lourde et épaisse dont la pesanteur dépasse de beaucoup celle de l'eau.

tation ! L'écume leur en venait à la bouche en voyant les lanières de viande saignante que leurs congénères emportaient sur la tête.

Comment devaient-ils s'y prendre pour obtenir leur part du butin ? Rien de plus simple. Une vingtaine de cheiks des principaux villages vinrent implorer la paix, disant qu'ils avaient mérité les razzias faites chez eux pour avoir imprudemment écouté les excitations des Baris de Bélinian.

Sans leur faire d'inutiles observations sur leur conduite antérieure, sir S. Baker leur octroya la permission de s'approprier ce qui restait des deux pachydermes. Ils y coururent avec enthousiasme.

Ce fanatisme pour la viande pourrait faire croire que les Baris manquent de bestiaux. Ce n'est pas le cas ; leur pays regorge de bêtes à cornes et à laine ; mais ils ont une répugnance extrême à les égorger. On garde les vaches pour leur lait ; on saigne les bœufs pour leur sang, qui est bouilli et mangé, à peu près de la même façon que les boudins en Europe. D'un autre côté, ils sont fort amateurs de la chair des éléphants, qui varie agréablement leur ordinaire ; or ils en mangent rarement, parce qu'ils ne savent pas chasser ces animaux. Ils se bornent presque toujours à leur tendre des pièges et rarement avec succès.

Si sir Baker avait eu du temps à donner à la chasse aux éléphants, il aurait pu en tuer en grand nombre dans les environs de Gondokoro. N'étant pas accoutumés aux attaques de vive force, ils sont très audacieux et se laissent facilement approcher.

Ils sont généralement attirés par les lalobas mûres, le fruit du héglik (*Balatines egyptiacus*). Sir S. Baker eut un jour l'occasion de constater la force déployée par un éléphant dans la recherche de ce fruit.

Un soir, accompagné du lieutenant Baker, il s'était rendu sous bois, à 2 kilomètres et demi des bâtiments, vers une petite clairière, pour y guetter une espèce de daim. Ils étaient à l'affût depuis peu de temps, lorsqu'un bruit particulier, venu du fourré, dénonça l'approche d'éléphants.

Les chasseurs se hâtèrent de gagner une éminence éloignée d'environ 50 mètres, leurs légers fusils ne pouvant leur être d'aucune utilité contre un aussi gros gibier. Bientôt plusieurs éléphants débouchèrent en divers endroits. L'un d'eux, d'une taille extraordinaire, s'avança lentement du côté des chasseurs et s'arrêta au-dessous d'un magnifique héglik. Cet arbre avait au moins 1 mètre de diamètre ; sa hauteur, d'environ 9 mètres, des racines aux branches mères, ne permettait pas à l'éléphant d'atteindre le fruit convoité. Quant à déraciner un tel arbre, il était impossible de supposer qu'un animal en pût venir à bout.

L'éléphant s'arrêta un instant et sembla réfléchir ; puis il frappa l'arbre du front. De ce seul coup, l'énorme végétal vibra du haut en bas avec tant de violence, qu'un homme qui, pour fuir l'atteinte d'un éléphant, se serait réfugié dans les hautes branches, aurait pu difficilement s'y tenir.

Quand les lalobas tombent, il faut les ramasser une à une ; bien que cette peine semble hors de proportion avec la valeur du fruit, il n'y a pas de nourriture plus appréciée des éléphants.

Grâce à sa fermeté et à sa présence d'esprit, sir S. Baker l'emportait sur toute la ligne. Il devint de la dernière évidence pour les officiers les plus récalcitrants qu'on ne parviendrait pas à le rendre infidèle à ses engagements envers le khédive. Les indigènes étaient complètement domptés. La peur des chevaux et des carabines sniders s'était répandue dans le pays comme une traînée de poudre. Le bruit courait que les bestiaux ne pouvaient échapper aux chevaux ; que ceux qui les montaient faisait feu quand ils couraient à toute vitesse, et que rien ne résistait à ces animaux extraordinaires. On considérait les carabines sniders comme des *kodjours* ou talismans, aussi bien que la coiffure en forme de casque que

HÉGLIK DÉRACINÉ PAR UN ÉLÉPHANT.

portaient sir S. Baker et son neveu le lieutenant Baker. Le cheik Alloron lui-même implora la paix et se soumit au gouvernement.

Le seul ennemi déclaré de l'expédition, en ce moment, était Abou-Saoud.

Ayant assisté en personne au départ des troupes pour Khartoum, cet individu considérait la partie comme gagnée; il s'imaginait que l'expédition, actuellement réduite à 554 hommes, officiers, soldats et marins, serait forcée de rester à Gondokoro. Aussi était-il parti pour ses stations éloignées du sud, afin d'y soulever les indigènes contre le gouvernement. C'était la première fois qu'il voyageait à l'intérieur. Depuis longtemps il avait l'habitude de venir une fois par an à Gondokoro, avec des navires d'Agad et Cie, portant des nouvelles levées de brigands en même temps que des approvisionnements d'armes et de munitions. Il restait à Gondokoro quelques semaines, pour recevoir l'ivoire et les esclaves recueillis par les diverses stations de l'intérieur, et retournait ensuite à Khartoum.

Les nécessités du moment lui inspirèrent un redoublement d'activité. Connaissant parfaitement la date de l'expiration du service de sir S. Baker, il n'avait qu'un but, déjà presque atteint : empêcher tout progrès de l'expédition pendant la période donnée.

Provisoirement, le camp était donc au repos[1]. En attendant l'époque peu éloignée que sir S. Baker avait fixée pour le

1. Il faut cependant noter une excursion armée de quelques jours au pays des Chirs, qui eut lieu vers cette époque. Lors du passage des premiers navires de la flottille, au mois d'avril, devant le territoire de cette tribu, sir S. Baker avait laissé quelques soldats pour encourager et protéger des essais de culture. Ces soldats, par suite d'intrigues perfides d'Abou-Saoud, qui avait attaqué cette tribu, avaient été soupçonnés d'espionnage et traîtreusement massacrés. Sir S. Baker jugea qu'il était impossible de ne pas infliger à ces indigènes un châtiment exemplaire.
Ce fut pendant cette expédition qu'un hippopotame vint attaquer soudain le canot traîné à la remorque du dahabièh; d'un seul coup de sa tête puissante, il projeta l'esquif en l'air avec ce qu'il portait : quelques moutons, qui furent noyés. Le bateau fut repêché et l'on put réparer les avaries faites par l'hippopotame, qui, plus heureux que les Chirs, s'échappa sans recevoir le châtiment mérité.

départ vers le sud, on continua de vivre à Ismaïlia, en apparence comme si l'on y était établi d'une manière définitive.

On fortifia les bâtiments de la station au moyen de blocs de gneiss, qui abondent à environ 6 milles de Gondokoro.

Les « Quarante-Voleurs » furent employés à faire du sel, dont les mines sont à fleur de terre sur les rives d'un lac saumâtre, plein de crocodiles, situé à 1600 mètres de la station.

On récolta le coton de la station, et dans un des lacs voisins on fit des pêches miraculeuses. Un jour, en deux heures, on attrapa au filet 434 beaux poissons ; deux d'entre eux pesaient, l'un 18 kilos, l'autre 12. Pour la plupart, ces poissons étaient des boultis et des baggaras, variétés de perches dont la chair est exquise.

« Je n'ai jamais vu, dit sir S. Baker, de boulti dont le poids dépassât 2^{k},160. Quant au baggara, il atteint des dimensions colossales; j'en ai pris un qui pesait 59 kilogrammes, et l'on assure que ceux qui pèsent 90 kilos ne sont pas rares. Jamais je n'ai mangé de poissons d'eau douce supérieur au boulti, salé légèrement et fumé pendant douze à dix-huit heures. »

Dans les climats chauds, les poissons doivent être fendus sur le dos et ouverts; on les sale et on les laisse égoutter pendant plusieurs heures; après quoi, on les suspend au-dessus de la fumée d'un bois sec. Cette préparation les rend délicieux pour un usage immédiat; mais si on veut les conserver, il faut les fumer pendant une couple de jours et les faire sécher au soleil.

On fit aussi des chasses heureuses aux hippopotames et aux éléphants.

Une fête vint s'ajouter à toutes ces distractions.

« Le 14 décembre, dit sir S. Baker, tombait la fête musulmane nommée « Ume-el-Ete »; ce jour-là, tout individu, homme ou femme, quelque pauvre qu'il soit, est supposé se vêtir d'habits neufs; mais les soldats n'avaient plus pour vêtements que des haillons, par suite de leurs travaux et de leurs combats à travers les buissons épineux. On était à la veille de la fête : au lieu de se pavaner en grande toilette, resteraient-ils sales et en loques?

« Le 13 décembre, veille de la fête, je convoquai les officiers dans le magasin et je leur délivrai des vêtements neufs pour toute l'expédition. Je décidai que 212 officiers et soldats qui devaient me suivre dans l'intérieur auraient des chemises de flanelle écarlate et des pantalons blancs.

« Le 14 décembre, au soleil levant, les canons annoncèrent la fête. Je montai à cheval et je me rendis au quartier général, où je passai la revue des troupes, toutes revêtues de leurs beaux uniformes neufs. La joie était universelle, et ma petite allocution, à la fin de la revue, fut accueillie par une triple acclamation.

« Les femmes des soldats portaient des couleurs voyantes et semblaient être d'autant plus heureuses qu'elles arboraient plus de rouge et de jaune sur leur personne.

« L'inépuisable richesse de mes magasins étonna singulièrement soldats et matelots. Elle leur fit comprendre que, dans le cas où nos communications avec Khartoum seraient coupées, nous ne manquerions pas pour cela du nécessaire. »

L'ordre régnait à Gondokoro. La paix était faite, la nourriture abondante, la station parfaitement fortifiée.

Il s'agissait maintenant d'avancer dans le sud. Sir S. Baker voulait transporter par sections un vapeur jusqu'à 3° 32′ de latitude nord ; là, il serait remonté par les Anglais de sa suite et lancé sur le cours navigable du fleuve, au-dessus de la dernière cataracte, afin d'ouvrir les communications avec l'Albert Nyanza.

« J'avais confondu toutes les intrigues, dit sir S. Baker, brisé toutes les oppositions. Si mes soldats étaient peu nombreux, je possédais leur confiance et ils promettaient de me suivre partout où je voudrais les conduire. »

CHAPITRE III

Remonte du Nil Blanc. — Loboré. — Fatiko.

On se rappelle qu'aux termes du firman, Gondokoro avait été assigné à sir S. Baker comme base de ses opérations. Partant de ce premier poste, il devait soumettre à l'autorité du khédive toutes les contrées du bassin du Nil au sud, supprimer la traite, introduire un système de commerce régulier, ouvrir à la navigation les grands lacs de l'équateur, enfin établir une suite de stations militaires et de dépôts de marchandises sur toute l'étendue du territoire conquis.

Or, pour mener une si vaste entreprise à bonne fin, quelles étaient les ressources de sir S. Baker à la fin de décembre 1871 ?

Des 1200 hommes qu'il avait passés en revue à son arrivée à Gondokoro, il ne lui en restait plus qu'environ 550; et comme il ne croyait pas pouvoir laisser moins de 340 hommes, y compris 52 matelots, à son quartier général, il n'avait à sa disposition que 200 hommes pour continuer sa marche et conquérir le sud.

« Je me trouvai, dit-il, entre les cornes d'un dilemme. Si je restais à Gondokoro, mon temps de service s'écoulait sans résultat bien sérieux et je laissais le champ libre à Abou-Saoud. Si ma petite troupe, avançant dans l'intérieur, était battue ou détruite, on m'accuserait d'inhabileté, d'imprévoyance et même de folie. J'avais la conscience de ma responsabilité, mais je savais aussi que mon inaction entraînerait ma perte. »

Il résolut de partir.

Tout d'abord, il y avait une question assez grave à résoudre. Il était impossible de se mettre en route sans être amplement pourvu, non seulement de munitions, de vêtements, de tentes et d'aliments, mais encore des grands moyens d'échange, de persuasion et d'alliance, indispensables dans ces régions, c'est-à-dire d'un convoi considérable de troupeaux et de marchandises. On pouvait assez facilement faire le transport sur navires jusqu'aux dernières cataractes du Nil Blanc (par 4° 38′ de latitude nord); mais comment continuer au delà le voyage vers l'Ounyoro, qui ne pouvait se faire que par terre? On n'avait ni chameaux ni autres bêtes de somme et, dans l'état où étaient le Nil Blanc et le Bahr el-Girafe, par quelle voie eût-on pu en faire venir de Khartoum?

Sir S. Baker n'était pas homme à se laisser arrêter pour si peu.

« Je triai soigneusement, dit-il, les officiers et les soldats qui devait m'accompagner; de ce choix se trouvaient exclus les Égyptiens, à l'exception de mes amis et aides de camp, le lieutenant-colonel Abd-el-Kader et le capitaine Mohammed Déi des « Quarante-Voleurs », et mon fidèle Monsour.

« Nous avions maintenant de bons domestiques, des cuisiniers, des servantes; six petits nègres affranchis, devenus d'excellents garçons, avaient appris à servir à table et à faire l'ouvrage intérieur. Le plus intelligent était Amarn, joli enfant, dont j'ai déjà parlé, parfaitement civilisé et qui ne désirait qu'une chose, accompagner sa maîtresse en Angleterre.

« On aviserait plus tard aux moyens de transport par terre, mais il fallait se mettre en route.

« Nous partîmes le 22 janvier 1872, à huit heures du matin.

« Grâce au vent, léger et variable, mon dahabièh eut bientôt rejoint les navires plus pesamment chargés qui nous avaient précédés. Dans la soirée, nous concentrâmes nos forces.

« Le courant était d'une violence extrême; mais tous nos gens, hommes, femmes et enfants, luttèrent d'énergie pour touer les bâtiments.

« Craignant pour les enfants, j'ordonnai à tous ceux qui ne savaient pas nager de revenir à bord. Ils obéirent, mais si inconsidérément que plusieurs tombèrent dans l'eau et ne furent sauvés qu'avec beaucoup de difficulté. Mais nous perdîmes un excellent soldat, le meilleur courrier de mes hommes, Ali-Nedjar. Je le vis tout à coup saisi par le courant et fuir en dérive. Il ne se trouvait, à ce moment, qu'à un mètre tout au plus des navires, mais il ne savait pas nager et battait l'eau frénétiquement de ses pieds et de ses mains.

AMARN.

« Mes bouées de sauvetage étaient pendues aux quatre coins de la dunette et faciles à décrocher. Je lui en jetai une qui tomba presque dans ses mains. Il la saisit et je le crus sauvé. Malheureusement, au lieu de s'y cramponner, il la lâcha, je ne sais comment. Un instant après, la bouée fuyait au loin, emportée par le courant et suivie de loin par un tarboush (fez) rouge. Je lançai à l'eau toutes mes bouées. Hohouarti, Mohammed et d'autres excellents nageurs plongèrent pour sauver leur camarade. Tout cela en vain !... Ali-Nedjar avait disparu !

« La mort de ce brave soldat me causa un cruel chagrin. Nous l'aimions tous et ne pouvions nous imaginer que nous ne le verrions plus. Qui entonnerait maintenant le chant du soir? Qui le remplacerait comme coureur?

« La gaieté s'évanouit à bord du dahabièh. Consternés par la perte de notre favori, nous gardâmes longtemps le silence. Les femmes, accroupies, pleuraient amèrement. Ce soir-là, aucun homme ne toucha à sa ration.

« Le lendemain, contrariés par le vent et le courant, nous évitâmes difficilement les bancs de sable et nous avançâmes si lentement que nous ne pûmes arriver qu'à la montagne rocheuse de Redgiaf.

« A la base occidentale de cette montagne, se trouve un très curieux rocher porté sur un piédestal et ressemblant à une table gigantesque.

« Cette table de syénite[1] est une des nombreuses plaques du même genre qui se sont détachées de la montagne originelle, au moment de sa décomposition. Mesurée du dahabièh, elle présentait les dimensions suivantes :

Longueur	13m,60
Largeur	13m,70
Épaisseur	1m,42
Hauteur au-dessus du sol	3m,13
Circonférence de l'assise d'argile	20m,70

« Cette roche doit être tombée, par hasard, sur une masse d'argile extrêmement dure. La dénudation de la surface inclinée, résultat des pluies de bien des siècles, doit égaler la hauteur du piédestal d'argile, tout l'extérieur ayant été entraîné par les eaux et le niveau s'étant abaissé. Le piédestal est le sol originel; garanti des pluies par le toit de pierre, il est resté intact.

« Les Baris semblent professer pour cette pierre une certaine vénération; on nous assura qu'il était dangereux de

1. Sorte de roche granitique.

TABLE DE SYÉNITE, A LA BASE DU MONT REDGIAF.

dormir dessous, beaucoup de gens étant morts pour en avoir fait l'essai.

« Le 27 janvier, nous arrivâmes, avec tous les navires, au pied des cataractes. »

Sir S. Baker avait espéré que, parmi les Baris du territoire où il était entré et dont le cheik était Bedden, il trouverait des porteurs, au moins pour un trajet de 95 kilomètres, jusqu'à Loboré. Il fit venir ce cheik, avec lequel il avait eu, en novembre 1871, une entrevue amicale, et il lui donna un beau casque en étain, un grand manteau de pourpre tissé d'argent, un turban de serge bleu cobalt, un miroir et des perles de diverses couleurs.

Quoi de plus séduisant? Bedden se drappa dans la pourpre argentée et se retira fièrement.

« Mais en ce moment même, dit sir S. Baker, sa physionomie m'inspira des doutes sur sa sincérité. Les indigènes allaient et venaient, il est vrai, paisiblement autour de nous : ils approchaient des navires; toutefois il ne se trouvait dans cette foule ni une femme ni un enfant. Ma femme, dont l'expérience était la même que la mienne, en fit la remarque. Si ces indigènes avaient été honnêtes et sincères, leurs femmes seraient certainement venues rendre visite à lady Baker, n'eût-ce été que par curiosité. »

Non seulement les femmes et les enfants étaient retenus au village, mais encore on avait éloigné les bestiaux.

Sir S. Baker savait par expérience que vis-à-vis du Baris la bonté se dépense en pure perte et qu'on ne peut rien obtenir que par la force. Certes, Bedden n'avait souffert de sa part aucun dommage et il avait promis de lui venir en aide; mais pour ces indigènes une promesse n'est qu'un vain mot.

Ses appréhensions n'étaient que trop fondées. Quand il revit Bedden, celui-ci lui dit que ses gens ne voulaient pas travailler pour « les Turcs ». Il s'adressa aux indigènes réunis sur la rive orientale, près des navires; ils répondirent que, sujets de Bedden, ils ne pouvaient s'engager à rien sans son ordre. Voilà la diplomatie africaine!

Sir S. Baker se voyait cloué sur place. Son colonel, Abd-el-Kader, lui conseilla de s'emparer de Bedden et de le tenir garrotté jusqu'à ce que ses gens eussent transporté tous les bagages de l'expédition jusqu'à Loboré. Cette arrestation n'était pas chose difficile, mais sir S. Baker recula devant la crainte de soulever une nouvelle guerre avec les Baris par un acte nécessaire, peut-être en tout cas peu justifiable.

Le 20 janvier, le cheik le fit laconiquement prévenir qu'il ne lui rendrait plus visite et que son peuple refusait définitivement de porter ses bagages. En même temps, il fut informé que les indigènes avaient quitté les environs avec leur cheik, et qu'en conséquence il serait imprudent de laisser les soldats s'éloigner du campement. On ne s'était donc pas trompé sur la signification de l'absence des femmes et des enfants.

Il fallait prendre un parti, et avant tout, vu la déloyauté bien connue des Baris, garantir les bestiaux. Dans ce but, sir S. Baker fit enclore un plateau sur lequel se trouvaient trois villages abandonnés formant triangle. Le troupeau y fut introduit et il mit vingt hommes de garde sur chacun des côtés du triangle.

Bien lui en prit de s'être ainsi hâté. Une nuit, ce parc fut assailli par une nuée d'indigènes, sans succès, grâce aux précautions prises.

Une répression était nécessaire, non seulement pour l'exemple, mais encore pour nettoyer le voisinage. Quelques huttes des villages les plus voisins furent incendiées au moyen de fusées.

Sir S. Baker dut s'arrêter à un nouveau plan de campagne. En faisant traîner les chariots par les soldats, il pouvait encore se tirer d'affaire, certain qu'il était de trouver des porteurs à Loboré, en supposant que les indigènes de cette région eussent conservé les sentiments de bienveillance qu'ils lui avaient témoignés lors de son précédent voyage.

La première difficulté était de faire franchir à l'immense troupeau le courant très rapide du Nil, qui a ici 360 mètres de largeur.

Le passage se fit en bateau pour les moutons; les bœufs et les vaches durent traverser à la nage, en petits groupes, guidés par des hommes nageant à leurs côtés, opération longue et fastidieuse qui dura quatre jours.

Le 5 février, tous les hommes, à l'exception des « Quarante-Voleurs », s'avancèrent sans armes et sans officiers vers la berge et s'alignèrent sur deux rangs, en face du dahabièh mouillé le long de la rive.

Des cris éclatèrent : « Nous ne pouvons pas traîner les chariots! Ce n'est pas un travail de soldat! Nous sommes prêts à combattre, à faire tout ce que vous commanderez ; mais nous ne sommes pas des chameaux pour nous atteler à des vagons. »

Connaissant parfaitement le caractère africain et sachant que, quand une idée s'est fixée dans la cervelle d'un nègre, on ne peut l'en arracher qu'en lui coupant la tête, sir S. Baker n'essaya pas de lutter contre le courant. D'ailleurs, les « Quarante-Voleurs » couvraient de leurs cris les voix des mutins et déclaraient que *eux* ils traîneraient les chariots si leur chef le leur demandait.

Profitant de l'occasion, sir S. Baker s'écria : « Vous *ferez* ce que je vais vous commander. J'ai modifié mes plans et je vous ordonne de détruire les chariots dès demain, au lever du soleil. Tous ceux qui ont peur de me suivre retourneront à Gondokoro avec les navires et les chariots. Je ne reviens jamais sur mes pas; ma femme et moi, nous partirons seuls avec M. Baker. Je ne veux que des soldats disciplinés, connaissant et accomplissant leur devoir. »

Cette déclaration fut accueillie par des clameurs assourdissantes. « Nous ne vous laisserons pas aller seul; les indigènes sont perfides; nous vous accompagnerons partout où vous nous conduirez. Ne sommes-nous pas des soldats du sultan et n'êtes-vous pas son pacha? »

« Je les tenais, dit sir S. Baker. M'adressant tout haut aux officiers : Demain, leur dis-je, dès l'aube, vous rembarquerez les chariots et les bagages. Que tout le monde soit prêt à partir!... Clairons, sonnez la retraite! »

Grâce à l'habitude de la discipline, les soldats obéirent instinctivement à la sonnerie. Les officiers commandèrent: « Demi-tour à droite, marche! » Et la foule, si tumultueuse tout à l'heure, rentra tranquillement dans ses quartiers.

Sachant que ses Anglais ne pourraient porter de lourds fardeaux pendant un long voyage dans un pays tropical, sir S. Baker les renvoya à Gondokoro avec les sections du navire, les machines, etc. Là ils devaient commencer immédiatement la construction d'un steamer de 108 tonnes et 20 chevaux-vapeur, muni d'hélice en place d'aubes, afin qu'il pût naviguer dans les étroits canaux du Bahr el-Girafe et, par conséquent, communiquer avec Khartoum.

Le chef de l'expédition confia la garde des navires et du troupeau au major Abdoullah, auquel il laissa 145 baïonnettes et un canon. Les bâtiments furent mouillés en ligne serrée, près du confluent d'une rivière actuellement à sec et dont les rives perpendiculaires devaient protéger le troupeau; par surcroît de précaution, on barra le ravin, à 100 mètres du fleuve, avec des buissons épineux, de façon à former, en contre-bas du sol, une sorte d'enceinte où les animaux seraient renfermés; 60 hommes devaient les garder pendant la nuit, 30 sur chaque rive. La pièce de canon, chargée à mitraille et placée sur un monticule, à 28 mètres de la berge, exactement en face du centre de la ligne des navires, devait défendre toute approche de face et de flanc droit.

Le jour fixé pour le départ, un grand vieillard de soixante-dix, peut-être de quatre-vingts ans, se présenta à la station.

D'après son apparence et le nombre d'amulettes suspendues à sa personne, on le prit pour un « faiseur de pluie ». Sa face était couverte de cendre de bois et il avait quelque chose de démoniaque dans la physionomie.

« Pour réjouir à la fois son intérieur et son extérieur, dit sir Baker, je lui donnai une chemise bleue et un verre de marsala.

« Il est toujours utile d'établir de bonnes relations avec les faiseurs de pluie, qui sont considérés par les indigènes comme des espèces de prêtres. Je lui offris donc un second verre de vin, ou, pour dire vrai, il le but à même d'un broc d'étain. Après cette seconde lampée, le vieux faiseur de pluie cligna des yeux, fit claquer ses lèvres et grimaça un sourire d'admiration, tandis que ses traits couverts de cendres se détendaient comme pour dire : « Encore ! » Après avoir ouvert son cœur, je cherchai à lui délier la langue.

« Grâce au vin, le vieux bonhomme me dit qu'il connaissait parfaitement le pays et qu'il nous accompagnerait volontiers à Loboré, si je voulais lui faire présent d'une vache. « Ma présence, ajouta-t-il, rendra les indigènes civils, tout le long de la route. Bedden s'est mal conduit; mais il a été puni et la nouvelle s'en est répandue partout ! »

« Je lui demandai s'il pouvait empêcher la pluie de tomber pendant le jour. Pour toute réponse, il tira un son aigre du sifflet à pluie pendu à son cou et me regarda comme si je ne pouvais plus douter de son pouvoir. J'envoyai chercher dans ma cabine un cor allemand, fait d'une corne de vache polie et garni de cuivre; cela valait, je crois, 1 fr. 25. Je priai le vieux faiseur de pluie d'accepter cet instrument, qui peut-être aurait plus de vertu que son sifflet.

« Échauffé par le vin, le vieux sorcier était dans la plus grande jubilation. Il corna jusqu'à essoufflement, rit aux larmes et finit par suspendre à son cou le merveilleux instrument. Puis il dit :

« Je suis un grand cheik ; il n'y a pas de plus grand faiseur de pluie que moi ; vous voyagerez en ma compagnie et cette corne vous gardera secs. Ne vous inquiétez pas des Baris, il ne vous attaqueront pas ; mais partons aussitôt que possible. »

« Nous avions ainsi acquis un allié précieux et un bon guide. Bien que je connusse la direction de Loboré, je n'aurais pu marcher que la boussole à la main ; je devais donc bénir le hasard qui me permettait de m'adjoindre un homme aussi expérimenté que Lokko, le faiseur de pluie.

« Nous nous mîmes en marche le 8 février, à trois heures de l'après-midi, le vieux Lokko tenant la tête et agitant deux petites baguettes vers un nuage noir qui semblait vouloir défier sa surveillance régulatrice des pluies. Quelques sons de la corne neuve et une pantomime animée produisirent enfin l'effet désiré ; le nuage s'en alla à ses affaires ; — d'ailleurs Lokko, qui avait, avant de partir, couvert sa face d'une couche fraîche de cendre, était assez laid pour effrayer tous les démons de la pluie.

« Donc nous partîmes, le 8 février, ma femme, le lieutenant Baker et moi, tous trois à cheval, et cinq des « Quarante ». Le colonel Abd-el-Kader, à cheval, et le capitaine Mohammed Déi étaient à l'arrière-garde, conduisant 1000 vaches et 500 moutons. Tous nos gens, même les garçons et les filles, étaient pesamment chargés.

« Le même soir nous arrivâmes à un village abandonné.

« Le 9 février, nous nous arrêtâmes, pour la nuit, à un petit village nommé Gobour, par 4° 28′ de latitude nord.

« A mesure que nous avancions, le paysage devenait plus beau et, bien que la terre fût desséchée, les arbres étaient splendides. Le contraste de cette verdure avec le ton jaune du sol produisait l'effet le plus saisissant.

« Près d'un petit village nommé Mozengo, quelques indigènes, que nous persuadâmes avec beaucoup de peine, nous conduisirent dans la fertile vallée de Mougi.

« Le 12 février, nous arrivâmes à Loboré. Nous avions fait 112 kilomètres sans tirer un coup de fusil, quoique nous fussions accompagnés d'une proie bien tentante, notre troupeau de vaches et de moutons. »

Les indigènes s'assemblèrent et le vieux cheik à demi aveugle, Abbio, vint renouveler connaissance avec l'Européen. Quand celui-ci eut fait connaître le but de son voyage, le cheik lui dit que ses gens iraient aux navires, s'ils étaient escortés des soldats, et qu'il n'avait pas à s'inquiéter de ses bagages.

Les Loborés ne font pas partie de la famille des Baris et parlent un dialecte qui leur appartient. Ils travaillent habilement le fer, qu'ils emploient surtout pour ornements. Ils en fabriquent de larges anneaux portés au cou, aux bras et aux chevilles. Ceux des chevilles sont parfois d'une prodigieuse épaisseur et pourraient être avantageusement substitués aux manicles des forçats. Ils déploient une industrie extrême pour détacher ces lourds anneaux, qui, une fois rivés à coups de marteau, semblaient ne pouvoir être enlevés qu'à la lime.

Ayant besoin de menottes pour les déserteurs, sir S. Baker acheta quelques-uns de ces ornements, qu'on détacha pour lui des chevilles de leurs propriétaires par une fort ingénieuse application du levier.

Le 16 février, les indigènes qui devaient aller chercher le matériel partirent, avec une escorte de cinquante soldats et les marins ; ils étaient au nombre de 396 ; pour payer leurs services, sir S. Baker avait donné au cheik un nombre égal de vaches.

« En attendant le retour des porteurs, dit-il, ainsi que du major Abdoullah et des troupes que j'avais laissées près des navires, je fis quelques parties de chasse. Je tuai plusieurs variétés d'antilope et un certain nombre de cochons sauvages, dont la chair est appréciée par les naturels plus que celle de tout autre animal. J'achetai autant de blé que j'en pus trouver.

« Le 24 février, nos hommes arrivèrent sains et saufs avec les bagages, les bêtes à cornes et les moutons.

« J'appris avec peine, sinon avec grand étonnement, que le major Abdoullah, trop confiant dans ses forces, s'était laissé surprendre par les Baris.

« Dans la nuit du 17 février, pendant qu'officiers et soldats dormaient profondément, quelques milliers de naturels s'étaient élancés sur le campement. Ils avaient été repoussés. Mais le lendemain on avait vu les indigènes se grouper en masses innombrables sur les hauteurs voisines. Ce fut à ce moment critique que parurent, en arrière des Baris, mes 50 hommes et les 396 Loborés. A la vue de ce puissant renfort, les Baris s'empressèrent de se disperser dans toutes les directions.

« Du fleuve à Loboré, la marche d'Abdoullah s'était effectuée sans opposition.

« Le 29 février, la troupe se mit en marche; elle portait 3600 livres de farine, divisées entre les porteurs loborés et les soldats.

« Tous étaient munis d'une poche de peau de chèvre tannée, arrachée d'une seule pièce de l'animal, comme un bas d'une jambe, et fermée à un bout. On l'appelle *tchoreb.*

« Le 2 mars, parvenus à une altitude de mille pieds environ au-dessus de la rivière Achoua, un paysage splendide se déroula autour de nous. A l'est, à environ 80 kilomètres de distance, une belle chaîne de montagnes se dirigeait en une longue ligne vers Latouka. A l'ouest, sur la rive gauche du Nil Blanc, qui en cet endroit coulait presque sous nos pieds, se dressait le Néri, montagne de granit de 900 à 1200 mètres de hauteur, que les marchands arabes nomment le Djébel-Koukou et qui s'abaisse, par une suite de terrasses rocailleuses, jusqu'au Nil.

« Plus loin, la terre promise s'ouvrit tout à coup à nos yeux. A notre droite, le grand Nil Blanc, qui venait directement de l'Albert N'yanza, éloigné à peine d'un degré, coulait en amont de toutes les cataractes, calme et profond, semblable à un ruban d'argent.

« Nous entrâmes alors dans la magnifique plaine à laquelle je donnai le nom d'Ibrahiméyah, en l'honneur du père de Son Altesse le khédive (Ibrahim-Pacha).

« Là s'élèvera certainement un jour la capitale de l'Afrique centrale.

« On établira le dépôt général des steamers près du confluent de l'Oun-y-Amé. Cette belle rivière, qui prend sa source dans les prairies comprises entre Fatiko et l'Ounyoro, arrose, sur l'espace de 129 kilomètres, un pays délicieux et tombe dans le Nil en face du Djébel-Koukou. Le commerce du Centre-Afrique, une fois développé, au moyen de steamers, sur l'Albert N'yanza, se concentrera sur ce point, d'où les denrées seront transportées à Gondokoro à dos de chameau; ce sera un voyage d'environ 200 kilomètres, qui pourrait être abrégé plus tard par un chemin de fer continuant la ligne des steamers.

« C'est un fait curieux à noter qu'après l'achèvement de la ligne du Caire à Khartoum, une petite voie ferrée de moins de 200 kilomètres de longueur ouvrirait à la navigation à vapeur le cœur même de l'Afrique, de la Méditerranée à l'équateur.

« Les indigènes donnent à cette partie du pays le nom d'Affouddo.

« Nous établîmes notre camp à 60 kilomètres de Loboré. Les villages des environs avaient été détruits par les chasseurs d'esclaves; toute la contrée était ruinée.

« Dans mon premier voyage, j'avais attentivement étudié le pays; aussi n'étais-je pas embarrassé pour la route à suivre. J'apercevais distinctement le mont Choua, où j'avais campé pendant quatre ou cinq mois. Les Loborés ne pouvaient donc m'induire en erreur.

« Abou-Saoud avait quatre stations dans cette région :

VUE DU NIL BLANC, AU-DESSUS DES DERNIÈRES CATARACTES, A AFFOUDDO.

Fatiko, Fabbo, Faloro et Farragénia. Je me dirigeai vers Fatiko, qui se trouvait sur la route que je comptais suivre pour gagner l'Ounyoro. »

Le 3 mars, à six heures du matin, l'expédition marcha, à travers la plaine, vers le mont Choua. A sa gauche se dressait une muraille de rochers dont la hauteur n'était nulle part inférieure à 60 mètres. La chaleur, doublée par la réverbération des rochers, était écrasante, et, par la faute des guides, on ne trouvait pas d'eau. Quelques indigènes, descendus des hauteurs, conduisirent l'expédition à un chemin rocailleux, sorte de précipice au fond duquel dormait une mare bourbeuse où s'étaient baignés des buffles sauvages. Les hommes d'escorte se mirent aussitôt à creuser le sable avec leurs mains, en attendant l'arrivée de la troupe et des bestiaux.

Au bout d'une heure environ, un grand vacarme se fit entendre. Un buffle, ignorant la présence d'êtres humains, était venu se désaltérer à son abreuvoir. Les Loborés le criblèrent de lances du haut de la berge. Scène indescriptible! Quatre cents hommes se ruant sur le cadavre, se bousculant, se battant, chacun arrachant son morceau de chair saignante, puis s'enfuyant comme un chien qui a volé un os!

Cette aventure était un malheur, les indigènes y ayant gagné assez de viande pour se nourrir pendant le temps que demandait le retour dans leur village. Aussi trente Loborés désertèrent-ils pendant la nuit.

Après avoir traversé deux coudes de l'Oun-y-Amé, on fit halte, pour la nuit, dans une belle forêt de la rive gauche, sous un magnifique tamarin qui fournit des fruits à tout le monde.

Prenant le mont Choua pour point de repère, sir S. Baker arriva, le 6 mars, à une petite distance de Fatiko, où jadis il avait séjourné cinq mois, et où cette fois il comptait rencontrer Abou-Saoud en personne.

Les soldats avaient revêtu leur plus bel uniforme et avaient un entrain dû peut-être à l'air frais et vivifiant de ces plateaux qui, situés à 1200 mètres d'altitude, peuvent être considérés comme le paradis de l'Afrique. Sir S. Baker voulait paraître avec tous ses avantages devant ses vieux amis les indigènes de Fatiko et de Choua. Ici il n'avait plus d'ennemis à craindre, et il était certain de rencontrer un accueil favorable. Lors de sa première visite, ses chasses avaient été fort heureuses et il en avait toujours abandonné le produit aux naturels; aussi, l'estomac étant chez les nègres le chemin du cœur, il était certain d'avoir laissé des regrets et de voir de savoureux souvenirs se rattacher à son retour.

L'ordre et la marche furent organisés comme suit : En tête, sir S. Baker, sa femme et le lieutenant Baker, tous trois à cheval, précédés par cinq des « Quarante-Voleurs »; puis le colonel Abd-el-Kader avec le reste de ce corps d'élite, le régiment nécessairement sur un rang, les bagages, les 400 porteurs, enfin le troupeau, composé de 1078 bœufs et vaches et 194 moutons.

C'était une superbe ordonnance : spectacle bien nouveau pour l'Afrique centrale.

« Nous gravîmes, dit sir S. Baker, une sorte d'arête jusqu'à un plateau de granit d'où un splendide panorama se déploya à nos yeux. A l'ouest se déroulait le beau pays que nous venions de quitter; la vue s'étendait bien au delà du Nil, jusqu'aux lignes vaporeuses des montagnes de l'horizon. Qui aurait pu rester insensible devant un pareil spectacle? Je foulais maintenant un sol connu; j'étais heureux de le revoir et mon bonheur se convertissait presque en extase, quand je songeais que j'y revenais en libérateur, et qu'en cette qualité je serais reçu à bras ouverts par un peuple infortuné.

« Devant nous, à 1500 mètres environ, se dessinait la vaste station d'Abou-Saoud. A notre droite, un mur de pur granit, de 1200 mètres de long sur 30 de haut, que terminait au sud la fantastique montagne de Fatiko, couronnée d'arbres magnifiques. A droite, et droit devant nous, une plaine unie comme un champ de courses, limitée au sud par d'immenses blocs de granit et des bouquets d'acacias pleureurs. Un grand village occupait la base du mont Fatiko.

« Les clairons sonnèrent la marche et nous avançâmes, musique en tête. »

Cette arrivée, avec une si parfaite organisation, porta un coup fatal aux espérances d'Abou-Saoud. Malgré des difficultés sans nombre, sir S. Baker était enfin arrivé dans le repaire même des marchands d'esclaves.

Abou-Saoud vint à sa rencontre. Avec l'humilité apparente qui ne le quittait jamais, il le pria d'entrer dans quelques huttes disposées pour le recevoir. Sir S. Baker refusa naturellement, et alla s'établir à 400 mètres plus loin, sous de grands acacias où il avait campé quelques années auparavant.

Il se trouvait actuellement à 77 kilomètres du confluent de l'Oun-y-Amé, à 136 kilomètres de Loboré et à 261 kilomètres de Gondokoro.

« Le 8 mars, dit sir S. Baker, je passai les troupes en revue et, après en avoir prévenu les indigènes, j'ordonnai un combat simulé et une attaque du mont Choua. Quelques fusées ayant été lancées contre un ennemi supposé, les troupes, divisées en deux compagnies, escaladèrent rapidement la montagne, chacune d'un côté, et effectuèrent leur jonction sur le plateau granitique du faîte. Cette opération bien réussie enchanta les indigènes venus en foule pour assister à cette petite guerre. Après quelques feux d'ensemble, les troupes descendirent et rentrèrent au campement, musique en tête.

« Cette musique, uniquement composée de clairons, de tambours, de cymbales et d'une grosse caisse, aurait eu certainement peu de succès en Europe ; en Afrique, l'effet était irrésistible.

« Les indigènes aiment passionnément la musique ; je crois qu'en jouant du piston, sans discontinuer autant que possible, on pourrait traverser sans encombre ces contrées sauvages. Un Européen, porteur d'un orgue de Barbarie, traverserait le Centre-Afrique suivi par une foule enthousiaste qui, si les airs étaient gaiement modulés, lui fournirait une escorte dansante sans cesse renouvelée.

« Tandis que mes soldats revenaient au son d'une vive musique, nous vîmes les femmes descendre de leurs villages et se réunir, de toutes les directions, en un centre commun. A mesure qu'elles s'approchaient, la musique les ravissant de plus en plus, elles s'arrêtaient, puis, prenant les poses les plus gracieuses, à leur sens, elles s'avançaient en dansant au-devant des musiciens.

« Ce singulier spectacle excita chez mes clairons un tel accès de fou rire, qu'ils pouvaient à peine souffler dans leurs instruments.

« Dans tout le Chouli, dont Fatiko est un district, quoique les hommes soient partiellement vêtus d'une peau d'antilope, les femmes sont complètement nues, ce qui ajoutait à l'étrangeté de la scène. Les bébés mêmes furent, bon gré mal gré, de la danse; ces pauvres enfants, attachés au dos de leurs mères et couverts d'enveloppes de courge qui les faisaient ressembler à de jeunes tortues, étaient ballottés, sans considération pour leur faiblesse, par leurs mères affolées. »

Abou-Saoud, qui avait espéré que l'expédition n'irait pas au delà de Gondokoro, était déconcerté : il sortit de sa station et vint, avec son hypocrisie ordinaire, faire serment de fidélité. Sir S. Baker lui enjoignit de désarmer ses gens et de se préparer à quitter le pays.

Le district de Fatiko est, au témoignage de sir S. Baker, le plus beau pays de l'Afrique. La contrée est située entre les montagnes, à une hauteur de près de 1000 à 1200 mètres au-dessus de la mer. La température est celle d'un très beau mois de juillet en Angleterre. Le sol est d'une fertilité prodigieuse. Les chênes y sont nombreux; le gibier abonde et, ce qui est surtout remarquable, la population est relativement douce et honnête.

Sir S. Baker, qui avait conservé les meilleurs souvenirs de son premier passage à Fatiko, eut la douleur de voir que les chasseurs d'esclaves y avaient porté la désolation. Les trafiquants avaient établi leurs stations à peu de distance les unes des autres et, pour les garder, ils disposaient de 1100 hommes armés.

Sir S. Baker aurait pu compter sur l'amitié de l'ancien roi de l'Ounyoro, Kamrasi. Mais Kamrasi était mort. Son fils Kabba-Réga, qui lui avait succédé, était un monstre. Il avait assassiné toute sa famille et, naturellement, il s'était fait l'appui du chef de la traite, Abou-Saoud. De toutes les informations recueillies pendant le reste du voyage, il résulta la certitude qu'il avait été convenu entre ces deux hommes que si, malgré toute probabilité, sir S. Baker parvenait jusqu'à Fatiko, on soulèverait contre lui les indigènes et que, les chasseurs d'esclaves s'unissant à eux, on le massacrerait avec sa troupe.

Abou-Saoud, bien entendu, jurait hardiment que tous ces bruits étaient calomnieux.

« Chaque jour, dit sir S. Baker, il venait me voir à Fatiko, me jurant, par les yeux du Prophète, une fidélité éternelle. Il me baisait les mains, m'assurant que son caractère avait été mal compris et qu'en réalité il était le plus dévoué de mes serviteurs.

« Son traité n'avait plus à durer que peu de jours.

« J'écrivis aux vakils de ses différentes stations qu'aussitôt après l'expiration de ce contrat toutes leurs opérations seraient considérées comme illégales.

« J'informai, en même temps, tous les employés d'Abou-Saoud qu'ils eussent ou à quitter le pays, ou à se conduire en honnêtes sujets. Je leur permis de se fixer à Gondokoro et d'installer sur les îles du Nil des exploitations agricoles

VISITE DU ROI ROT-DJPARMA (page 96).

libres de tout impôt. S'ils désiraient entrer au service du gouvernement comme soldats irréguliers, je leur offrais la même solde qu'aux réguliers, avec l'avantage d'un engagement d'un an. »

Les indigènes de ce pays avaient heureusement conservé leurs anciennes sympathies pour sir S. Baker et, en apprenant qu'il venait avec l'intention de mettre fin à la traite, ils acceptèrent sa protection. Mais pour protéger il faut être fort, et la petite troupe des défenseurs des noirs ne pouvait pas entrer en comparaison avec celle de leurs ennemis.

Un homme aurait été utile à l'expédition : c'était un nommé Mahomed Ouat-el-Mek, principal vakil d'Abou-Saoud et fils d'un petit roi d'un district du Nil Bleu, au delà de Fazoklo. Il avait été sergent dans l'armée égyptienne. Sir S. Baker aurait désiré l'attirer à lui et en faire le commandant de ses forces irrégulières; mais Abou-Saoud avait eu soin de le tenir toujours éloigné du passage de l'expédition.

Fatiko est un simple district de Chouli, lequel est gouverné par le cheik Rot-Djarma. Ce dernier avait manifesté l'intention de faire sa soumission au gouverneur.

Le 10 mars, son approche fut annoncée par le sauvage éclat des cornets à bouquin. Bientôt parurent ses gens, qui s'avançaient en murmurant un chant particulier et en dansant un pas d'une solennelle lenteur. Derrière eux venait le grand cheik. Sir S. Baker l'attendait sous l'ombrage d'un acacia, près de la porte de sa tente.

Rot-Djarma était rouge de la tête aux pieds, s'étant, pour la circonstance, enduit d'une couche fraîche d'ocre et de graisse. Pour tout vêtement, il portait une peau d'antilope bien tannée, descendant du cou au bas des reins.

Sir S. Baker lui offrit 8 mètres de coton rouge, 3 kilos de perles, deux rasoirs, un peigne, deux serpents en cuir dans leurs boîtes, un couteau, une lentille en verre, un miroir en zinc, deux cuillers en nickel, trois baguettes de cuivre, deux bagues, deux paires de boucles d'oreilles, deux mouchoirs de coton, l'un rouge, l'autre jaune; le tout valant à peine 25 francs.

Avant d'arriver, le cheik avait demandé une chèvre destinée à être sacrifiée au bord d'un cours d'eau qu'il avait à traverser; sans quoi, sa visite lui aurait porté malheur. La chèvre, aussitôt accordée, fut offerte en holocauste et dévorée par la suite du cheik.

Suivant sa coutume invariable quand il se trouvait en rapport avec des cheiks ou des chefs, sir S. Baker offrit à celui-ci des graines du meilleur coton d'Egypte, de potirons, de concombres, de melons d'eau, de maïs, etc. De plus, avant son départ, il lui donna le plaisir de la batterie électrique, dont le cheik reçut plusieurs étincelles. Il s'éloigna aussi surpris que charmé.

Après avoir réuni 200 porteurs, donné ses instructions au major Abdoullah, auquel il laissait 100 hommes, choisi l'emplacement de la station, à 80 mètres environ de celle d'Abou-Saoud, et reçu, de nouveau, de ce dernier les serments les plus sacrés, sir S. Baker se prépara à se rendre dans l'Ounyoro, dont le séparaient 125 kilomètres de pays inhabités.

CHAPITRE IV

Dans l'Ounyoro.

Sir S. Baker partit de Fatiko le 12 mars 1872, après avoir pris congé du major Abdoullah et l'avoir bien approvisionné de bœufs et de moutons.

La descente du plateau de Fatiko se fit rapidement pendant les 11 premiers kilomètres. Ensuite on arriva à un cours d'eau limpide, l'un des bras de l'Oun-y-Amé.

La limite du pays habité se trouve à 4 kilomètres seulement du camp de Fatiko; au delà et jusqu'à l'Ounyoro, on est en plein désert.

Cette fertile contrée a été dépeuplée par les guerres intestines des tribus. Elle est bornée à l'est par l'Oumiro, au sud par l'Ounyoro, à l'ouest par le Madi. Par suite de sa solitude, cette grande région, d'environ 25 kilomètres du nord au sud, est fréquentée par les fauves; c'est le terrain de chasse favori de diverses tribus, qui généralement se battent entre elles quand elles se rencontrent pendant leurs excursions cynégétiques.

Les indigènes de Fatiko sont bien supérieurs, moralement, à ceux de Loboré. Pas un des porteurs engagés ne déserta; même l'un d'eux, qu'un mal de jambe avait empêché de partir, renvoya la vache reçue en payement, en expliquant le motif de son absence. Les naturels connaissaient parfaitement le pays, ayant quelquefois accompagné les chasseurs d'esclaves dans des razzias exécutées le long du Nil Blanc.

Le 22 mars, on atteignit le grand Nil Victoria[1], coulant entre des berges de 20 à 25 mètres de hauteur, à travers une magnifique forêt. C'était pour les gens de l'expédition une véritable jouissance de rencontrer de l'eau pure après avoir été condamnés, pendant quatre jours, au liquide abominable de mares où s'étaient vautrés des éléphants et des buffles.

« Les mots me manquent, dit sir S. Baker, pour dire le changement opéré dans la physionomie du pays depuis que je l'avais visité pour la première fois.

« C'était autrefois un véritable jardin, très peuplé, produisant tout ce que l'homme peut désirer. Les villages étaient nombreux; des bosquets de bananiers couronnaient les falaises escarpées bordant le fleuve; les naturels étaient soigneusement vêtus d'étoffes d'écorces du pays.

« Maintenant, c'est un désert! La population s'est enfuie; les villages ont disparu jusqu'au dernier.

« Souleiman et Eddriss, deux vakils que je connaissais comme ayant fait partie de la troupe d'Ibrahim lors de mon premier voyage, traversèrent le fleuve pour me venir visiter.

« Le rusé Abou-Saoud ne les avait prévenus ni de l'expiration du traité Agad et Cie, ni de mon arrivée probable. Je m'empressai de leur faire connaître la situation.

« Je fis proclamer de toutes parts que le règne de la terreur était passé et que, secondé par une force imposante, je prendrais le pays sous ma protection. »

Couonga, le principal cheik du district, se présenta également au campement. C'était une des anciennes connaissances de sir S. Baker, à qui il apporta d'intéressantes nouvelles.

1. Le Nil Victoria ou Somerset, que Speke, comme il a été dit dans l'avant-propos, vit sortir du lac Victoria, le 28 juillet 1862, par 0° 21' de latitude nord, fait communiquer ce lac avec le lac Albert, dans lequel il se jette par 2° 19'; il sort de ce dernier par 3° 4' et porte dorénavant le nom de Nil Blanc. (Voir la carte.)

La mort de Kamrasi avait suscité une guerre civile. La lutte s'était poursuivie entre ses fils favoris, Kabba-Réga et Kabba-Miro, et un vieil ennemi de la famille, Rionga, cousin du feu roi. Abou-Saoud, dont les compagnies étaient disséminées dans le pays, soutint les trois prétendants, recevant de chacun d'eux, pour solde de ses mercenaires, de l'ivoire et des esclaves. Kabba-Miro ayant été assassiné, Kabba-Réga monta sur le trône d'Ounyoro. Quant à Rionga, qui s'était laissé ostensiblement bannir, il restait, entre les mains des chasseurs d'esclaves, comme un épouvantail destiné à maintenir dans leur dépendance le nouveau roi.

Sir S. Baker fit connaître à Couonga les réformes qu'il se proposait d'introduire et lui remit, pour Kabba-Réga, qui résidait à six jours de marche, les présents suivants : une pièce de drap rouge de Turquie, une pièce de calicot gris, quatre kilogrammes de perles des plus belles variétés, trois miroirs de zinc, deux rasoirs, un grand couteau de boucher, deux paires de ciseaux, un clairon en cuivre, un cor allemand, deux pièces de mouchoirs rouges et jaunes, une écharpe indienne couleur queue de paon, une couverture bleue, six cuillers d'argent allemand, seize paires de boucles d'oreilles, douze bagues, deux douzaines de grelots, cinq cents grammes de crin blanc, trois peignes, un fifre en buis, un kaléidoscope.

En dépit des promesses de Couonga, les ravitaillements n'arrivaient pas. Sir S. Baker s'en plaignit au cheik, qui lui répondit froidement « que cela marcherait mieux, si ses soldats fourrageaient pour eux-mêmes ». Ce à quoi le pacha répondit qu'il ne permettait ni vol ni pillage; il ajouta que ses hommes, de vrais agneaux quand ils étaient bien nourris, devenaient des lions quand il avaient faim; et que, pour lui permettre de se rendre compte de leur nombre, il allait les faire paraître devant lui.

Les clairons sonnèrent et, presque aussitôt, plus de cent

hommes parurent la baïonnette au bout du fusil, au grand ébahissement de Couonga et de ses chefs, que la vue des uniformes écarlates sembla mettre fort mal à l'aise. Par un coup de théâtre, sir S. Baker fit marcher les hommes, tambours et clairons en tête, autour des huttes, de façon à les faire passer deux fois sous la tente et à doubler ainsi leur véritable nombre.

Au commandement de « halte ! » et à celui de « rompez les rangs ! », ils poussèrent l'acclamation turque habituelle en l'honneur de leur commandant.

« Comprenez-vous ? demanda sir S. Baker à Couonga.

— Non.

— Eh bien ! ils disent qu'ils vous mangeront tous si des provisions ne leur sont pas apportées demain. »

Couonga et ses chefs n'en voulurent pas entendre davantage. Ils partirent en toute hâte, pour donner les ordres nécessaires.

« Le 24 mars, dit sir S. Baker, je notifiai officiellement à Souleiman l'expiration du traité Agad, l'obligation d'évacuer le pays et l'offre à tous d'entrer au service du gouvernement comme irréguliers. Souleiman y consentit ainsi qu'Eddriss et plusieurs autres. Le rang de vakil était assimilé au grade de major dans l'armée régulière, et la solde la même pour toutes les troupes, régulières et irrégulières.

« Le 28 mars, je reçois la visite du grand cheik Lokara, commandant en chef des forces de Kabba-Réga. Il a laissé sur les rives du Nil, à quelques heures de marche en amont, une grosse armée qui va attaquer Rionga, le vieil ennemi de Kamrasi, établi, avec ses gens, dans une île du fleuve. Il vient réclamer l'assistance de nos soldats contre Rionga. Je refuse. Toujours la même histoire.

« Le 31, les cheiks Lokara, Couonga, Matonsé et Pittia, qui comptent parmi les principaux chefs du pays, viennent me voir, accompagnés d'une foule d'indigènes de haut rang. Quand tous se furent assis devant moi, Lokara alluma une pipe énorme : grave infraction aux lois de l'étiquette, car il est formellement interdit de fumer devant Kabba-Réga.

« Cette injure fut vivement ressentie et immédiatement relevée par mon ancien drogman du Caire, Mohammed, qui faisait maintenant partie de l'expédition. Il s'approcha tranquillement, tenant à la main une bouteille d'eau dont il versa le contenu dans le fourneau, comme s'il s'acquittait d'un devoir de politesse.

« Devant le pacha, dit-il, on fume de l'eau et non du tabac. »

« La leçon fut comprise et la pipe, sommairement éteinte, fut rendue à un domestique.

« Nous parlâmes quelque peu géographie. Les chefs s'accordèrent pour dire que le Mvoutan Nzigué (lac Albert) s'étend au delà de Karagoué et qu'il est plus grand que le lac Victoria Nyanza (lac Victoria). Dans l'Ounyoro, on donne à ce dernier lac le nom de Nyanza et au Nil Victoria celui de Masaba. Sur le lac Albert, au sud-ouest de l'Ouganda, se trouve le Baréga, pays gouverné par un roi puissant dont le peuple se sert de flèches empennées, usage inconnu des tribus du Nil Blanc qui ne garnissent pas leurs flèches de plumes.

« Il y a dans l'Ounyoro une curieuse coutume. Depuis les temps les plus reculés, et de génération en génération, la garde des bestiaux est confiée à une caste spéciale, celle des Bohoumas, qui descendent directement des Gallas, les premiers conquérants du pays. Comme la famille régnante, les Bohoumas sont très légèrement colorés. Si, après un combat, des bestiaux sont enlevés, les Bohoumas, qui ne portent jamais d'armes, les accompagnent chez leurs nouveaux maîtres et continuent à les soigner. La mort seule peut les séparer de leurs troupeaux.

« Physiquement, les indigènes de ce pays sont très inférieurs à ceux de Fatiko, ce qui provient de leur nourriture exclusivement végétale. Il en est fort peu qui possèdent des bestiaux. L'alimentation de la population, depuis l'enfance, ne se compose que de bananes et de pommes de terre douces. Le défaut de lait est très préjudiciable aux enfants. Les hommes, rien moins que musculeux, sont en général affectés de maladies cutanées.

« Le 5 avril, je reçus la visite de divers grands cheiks, parmi lesquels Rahonka, oncle maternel de Kamrasi. Le lendemain, arrivèrent les messagers de Kabba-Réga, avec un présent de deux vaches splendides, d'un paquet de sel et de bananes.

« Le 7 avril, j'eus la satisfaction d'enregistrer l'engagement pour douze mois, au service du gouvernement, de la totalité des hommes de Souleiman et d'Eddriss.

« Le soir, après une grosse pluie, nous assistâmes au curieux spectacle d'un vol de fourmis blanches sortant de leur nid à quelques mètres de notre tente. Des millions de ces grands et gros insectes s'agitaient dans leur vol éphémère et furent bientôt attrapés par nos gens armés de bouchons de paille. La fourmi déploie ses ailes quelques minutes après être sortie du nid où elle a pris naissance.

« L'exode du nid de fourmis a lieu tous les ans, au commencement de la saison des pluies ; c'est une importante récolte pour toute l'Afrique centrale. A cette époque de son existence, la fourmi blanche, frite dans le beurre, est considérée comme un mets très délicat.

« Nous les trouvâmes assez bonnes ; seulement, elles avaient une légère saveur de plume brûlée. »

Le 10 avril, un indigène vint se précipiter aux pieds de sir S. Baker pour le supplier de le défendre contre Souleiman qui voulait le tuer. Souleiman lui-même entra et, exaspéré, demanda à couper la tête de cet homme, parce qu'il avait laissé échapper des esclaves. Pour sir S. Baker, ce n'était pas un cas pendable. Il aurait lui-même affranchi tous les esclaves, s'il avait su comment les nourrir. Il se borna donc à faire garder ce malheureux à la station. Souleiman en conçut un grand ressentiment.

Notons immédiatement que ce vakil d'Abou-Saoud était d'aussi mauvaise foi que son maître. Quelques jours après la scène que nous venons de raconter, ayant laissé partir la troupe du pacha en avant sans s'y joindre, sous prétexte quelconque, il trancha la tête à l'indigène.

Sir S. Baker apprit en même temps que le projet de Souleiman et d'Eddriss était de le devancer par une autre voie et d'aller combattre Rionga, à la suite de promesses qu'ils avaient faites à Kabba-Réga. Il envoya un détachement à la station : on lui amena les deux vakils et il fit donner deux cents coups de fouet à Souleiman et trente à Eddriss. On verra plus loin, dans le cours du récit, ce que devinrent ces deux hommes.

On partit le 15 avril, à onze heures du matin, et le lendemain on arriva à Koki, dont le chef, Kistakara, est, dit sir S. Baker, le seul homme bien élevé qu'il ait rencontré dans le pays; ce n'est pas un quémandeur, contrairement à toute la *société* de l'Ounyoro.

Le 20 avril, du haut d'une colline, on aperçut, à environ 32 kilomètres, les eaux de l'Albert Nyanza : on se trouvait alors à 43 kilomètres de Masindi, le quartier général de Kabba-Réga. Quoique les porteurs indigènes eussent régulièrement déserté à mesure qu'on les envoyait, on arriva à destination le 25.

Masindi, la capitale de l'Ounyoro, est située sur un plateau accidenté d'où l'on jouit d'une vue très étendue; l'horizon occidental est fermé, à 80 kilomètres de distance, par la chaîne de montagnes bordant l'Albert Nyanza. Le paysage est caractérisé par une série de monticules couronnés de beaux arbres, s'inclinant doucement vers l'ouest et dont les eaux s'écoulent dans le lac.

« Cette ville, dit sir S. Baker n'a rien d'attrayant ; elle se compose de quelques milliers de huttes de chaume en forme de ruches, disposées de la façon la plus irrégulière.

« Je m'établis sous un grand figuier banian que j'avais fait préalablement émonder. Ma tente y fut dressée et je fis déblayer une superficie d'environ 40 ares, de façon que nous pûmes camper sur un terrain parfaitement uni.

« Nous nous trouvons actuellement à 534 kilomètres d'Ismaïlia (Gondokoro).

« Le 26 avril, j'ai fait ma visite officielle à Kabba-Réga, mes officiers et soldats en grand uniforme et musique en tête.

« Je le trouvai dans son divan, grande hutte bien construite, tendue de cotonnades imprimées de qualité inférieure, venues par la voie de Zanzibar. Kabba-Réga était vêtu d'une étoffe d'écorce striée de noir. »

L'entretien roula sur les atrocités commises par les compagnies d'Abou-Saoud et dont Kabba-Réga se plaignait amèrement. Sir S. Baker lui exposa les bienveillantes intentions du khédive et lui fit entrevoir un avenir prospère, l'assurant qu'avec la protection de l'Égypte, il n'avait plus rien à redouter.

Kabba-Réga avait décidé qu'il rendrait la visite du pacha le lendemain. Dès le matin, sir S. Baker avait pris ses dispositions et fait ranger ses troupes, en grand uniforme, des deux côtés de la large voie qu'il avait fait tracer du divan du roi à sa tente, auprès de laquelle se tenait la musique.

Après deux heures d'attente, Rahonka vint dire au pacha, de la part du roi, que « si cela lui était indifférent, Kabba-Réga préférait le voir chez lui. »

Ce jeune malappris soupçonnait une trahison et craignait d'entrer dans la tente de sir S. Baker.

Ce dernier répondit sans ambages à Rahonka qu'évidemment son roi n'avait pas encore assez vécu pour connaître les belles manières, et qu'il allait renvoyer ses troupes. Il fit aussitôt sonner la retraite.

Épouvanté par les éclats du clairon, qu'il considérait comme un ordre mystérieux, Rahonka supplia sir S. Baker de ne pas se mettre en colère et promit d'amener Kabba-Réga. Les troupes alors reprirent leur position.

Quelques minutes après, en effet, un grand bruit de cornets, de tambours et de sifflets annonça l'arrivée du roi, qui s'avançait d'un pas vraiment singulier. Il marchait à grandes enjambées, comme s'il voulait caricaturer le pas de la girafe. Il était suivi de ses grands chefs. Quand il arriva près de la musique, nos clairons, nos tambours et nos cymbales éclatèrent avec un tel bruit qu'il en fut tout ahuri et qu'il entra dans la tente d'une façon peu digne d'un roi; sa physionomie offrait un singulier mélange de timidité et d'audace.

Tremblant d'anxiété nerveuse, après un court moment d'hésitation, il prit place sur le divan préparé pour lui. Ses principaux chefs s'accroupirent sur les peaux et les tapis disposés sur le sol.

Environ deux mille indigènes avaient accompagné Kabba-Réga, en faisant un épouvantable vacarme avec leurs sifflets, leurs cornets et leurs tambours. On leur imposa silence et les troupes, prenant position autour de la tente, les tinrent à distance. De temps en temps, quelques gardes du corps du roi s'élançaient dans la foule, armés de triques de près de 2 mètres de longueur. Les coups qu'ils administraient avec impartialité éloignaient momentanément la foule, qui revenait presque aussitôt. Tous s'étaient habillés de leur mieux pour cette circonstance solennelle; les uns, et c'était le plus grand nombre, portaient des tissus d'écorce; les autres, couverts de peaux d'animaux sauvages, avaient cru devoir orner leurs têtes de cornes de chèvres et d'antilopes. Les sorciers affluaient. Ces fripons, la plaie du pays, s'étaient, comme d'habitude, masqués avec des barbes postiches faites de poils de queue de vache.

LE ROI DE L'OUNYORO, KABBA-RÉGA, ET SES CHEFS.

La taille de Kabba-Réga atteint 1^m,80 et sa peau est d'une nuance très claire. Il a les yeux grands, mais trop proéminents, le front bas, les pommettes saillantes, la bouche largement fendue, de longues dents d'une blancheur d'ivoire et de fort belles mains dont les ongles sont propres et bien coupés, comme ceux de ses pieds. Il porte des sandales en cuir brut de buffle, proprement façonnées et enroulées sur les bords. Sa robe d'écorce, d'un travail coquet, lui couvrant tout le corps, venait de l'Ouganda, pays renommé pour la fabrication de cette sorte de vêtement. Tel est, au physique, Kabba-Réga, le fils de Kamrasi, le seizième roi de l'Ounyoro, le descendant des conquérants gallas; un rustre de vingt ans, gauche, désagréable, qui se croit un grand monarque et qui n'est, en réalité, qu'un triste composé de honteuse poltronnerie, de froide cruauté et d'atroce perfidie.

L'histoire des premiers jours de son règne le montre dans toute sa laideur morale. Après avoir fait assassiner son frère Kabba-Miro, il avait invité ses proches parents à venir le voir. Il les reçut avec la plus cordiale bienveillance, les accabla de présents et, au départ, leur donna, comme sauvegarde, une escorte de bonasouras (gardes-corps) qui, par son ordre, les massacrèrent tous en chemin. C'est ainsi qu'il consolida son trône. Il n'eut plus désormais qu'un rival, Rionga, l'ennemi puissant et acharné de son père, qui avait échappé à toutes les embûches et continuait à le défier dans les provinces du nord-est de l'Ounyoro.

Dans ces deux visites, sir S. Baker entretint le roi de la mission qu'il venait remplir; Kabba-Réga feignit d'être très satisfait de son arrivée et de la prochaine suppression de la traite. Puis il prit congé et se retira comme il était venu, au bruit discordant des tambours, des sifflets, des cornets et des flageolets.

Sir S. Baker s'occupa ensuite d'un établissement plus régulier de sa station.

L'emplacement qu'il avait choisi se trouvait à la lisière méridionale de la ville, sur le bord d'une colline dominant la vallée. Le sol, d'une étonnante richesse, était en même temps très maniable. Les hautes herbes déracinées laissèrent à découvert un humus d'un brun intense d'au moins 60 centimètres d'épaisseur et reposant sur un cailloutage de quartz rouge. Avec un pareil sous-sol, le pays doit être salubre, les plus fortes pluies filtrant rapidement à travers le gravier.

Le 29 avril, sir S. Baker entreprit la construction d'un hôtel du gouvernement et d'un divan public.

Pendant que s'accomplissaient ces travaux, sir S. Baker ne cessait de causer avec Oumbougo, l'interprète, et les divers chefs, surtout avec son favori Kittikara, le plus intime des conseillers de Kabba-Réga. Il obtint d'eux le récit des cérémonies funèbres qui avaient eu lieu, quelques mois auparavant, à l'enterrement de Kamrasi.

Quand un roi de l'Ounroyo meurt, le cadavre est déposé sur un cadre de bois vert, semblable à un gigantesque gril, au-dessus d'un feu bas qui le dessèche lentement. Une fois momifié, on l'enveloppe dans une toile d'écorce neuve et on l'expose dans une grande hutte construite pour la circonstance.

Les fils se disputent le trône. La guerre civile peut se prolonger pendant des années; mais, durant cette période d'anarchie, le corps du feu roi reste sans sépulture.

Enfin, quand la victoire s'est décidée en faveur de l'un des fils, le vainqueur vient visiter la hutte où se trouve le corps de son père. Il s'approche de son cadavre et plante en terre le fer de sa lance qu'il laisse ainsi fixée près de la main droite du cadavre, ce qui est un symbole de victoire. Une fois monté sur le trône, les funérailles de son père doivent être son premier devoir.

On creuse une tranchée, assez grande pour contenir quelques centaines d'individus, et que l'on garnit d'écorce tissée.

Au fond, sont assises plusieurs femmes du feu roi sur les genoux desquelles repose le corps.

La veille des funérailles, pendant la nuit, les gardes du corps du roi entourent quelques villages et s'emparent indistinctement des habitants, au fur et à mesure qu'à l'aube ceux-ci sortent de leurs huttes. Ces prisonniers sont conduits au bord de la tranchée. On leur casse les bras et les jambes avec des massues et on les précipite dans la fosse; ils y tombent sur le groupe des femmes qui soutiennent le corps du roi.

Les sons des cornets, des tambours et des flageolets, mêlés aux hurlements d'une troupe frénétique, étouffent les cris de ces malheureux. L'immense fosse est aussitôt comblée, tassée par les pieds de la foule, et on élève au-dessus un tumulus en terre.

Après les funérailles de Kamrasi, accomplies selon ces rites, Kabba-Réga monta sur le trône. Ce trône est fait moitié de cuivre, moitié de bois. C'est un très petit meuble, d'une extrême antiquité et qui est considéré comme kodjour (talisman). Il y a aussi un vieux tambour pour lequel on professe un profond respect. Ces deux objets, qui servent rarement, sont confiés à la garde de soldats spéciaux. Si le trône était volé ou perdu, l'autorité du roi disparaîtrait, en même temps que le talisman, et le désordre règnerait dans le pays jusqu'à ce que le précieux objet fût retrouvé ou restitué.

Tout en réclamant avec instance les esclaves ounyoriens détenus à Fatiko, Fabbo, Faloro et Farragénia, stations d'Abou-Saoud, Kabba-Réga se livrait en grand au commerce des esclaves. Son puissant voisin, Mtésé, roi de l'Ouganda, en faisait autant.

Dans l'Ounyoro, une jeune fille bien constituée a une valeur fixe : une défense d'éléphant de première classe ou une chemise neuve. Dans l'Ouganda, où les indigènes sont des tailleurs et des pelletiers fort habiles, on obtient une fille superbe pour 30 aiguilles. Ce pays était donc un excellent marché pour les chasseurs d'esclaves, puisqu'une fille, payée 30 aiguilles dans l'Ouganda, était échangée, dans l'Ounyoro, contre une défense valant de 500 à 750 francs.

Dans toutes les tribus africaines qu'il a visitées, sir S. Baker trouva l'esclavage officiellement institué, et il finit par s'apercevoir qu'en bonne politique il ne fallait pas déblatérer contre la traite en général. Il apprit, avec le temps, à s'élever contre le rapt des femmes et des enfants *appartenant à ses auditeurs*, sans entamer de discussion sur la moralité de la traite en elle-même.

« Un jour, dit sir S. Baker, un cheik chir se plaignait amèrement à moi des chasseurs d'esclaves et, en particulier, de la traite dont sa tribu avait beaucoup souffert. Des femmes et des enfants, en grand nombre, avaient été enlevés par une tribu voisine, celle des Baris, habitant à l'est du Nil. Comme représailles, il me pria de me joindre à lui avec mes troupes, pour réduire en esclavage les femmes et les enfants de ses ennemis. J'essayai de lui faire comprendre l'immoralité du commerce de chair humaine.

« Avez-vous un fils? me demanda-t-il.

— Hélas! mes fils sont morts.

— En vérité! Moi, j'ai un fils, un fils unique, gentil garçon, haut comme cela (il montrait le bout de sa lance). Si vous le voyiez! Il est bien maigre, mais avec vous il engraisserait vite. Charmant enfant! *Il a toujours faim!* Vous en serez enchanté. Il mange du matin au soir, sans être rassasié, et il ne vous causera aucun ennui, pourvu que vous lui remplissiez le ventre. Il se couche, dort, s'éveille et a faim. Ah! c'est un bon garçon que mon fils unique! *Je vous le vends pour une molotte* (pelle indigène). »

« Tel fut le résultat de mon homélie. »

Le 11 mai, Kabba-Réga vint rendre visite à sir S. Baker, qui le fit introduire dans son divan et lui montra les échantillons de toutes les marchandises destinées à l'établissement d'un commerce régulier dans l'Ounyoro : plats d'étain brillants, faïences, verres, couteaux, écharpes d'indienne de toutes couleurs, ciseaux, rasoirs, montres, pendules, jouets divers, assortiment complet de perles.

Kabba-Réga semblait médusé. De toutes ces richesses, celle qui attira le plus son attention fut la machine électrique, qu'il n'avait pas encore vue à l'œuvre.

Quand elle fut chargée, le jeune roi obligea ses chefs à se soumettre tour à tour au choc de la batterie, mais il refusa de tenter l'expérience sur lui-même. Il pria le lieutenant Baker, qui opérait, de produire le choc le plus violent possible, et il éclata de rire en voyant son ministre favori se tordre en contorsions frénétiques sans pouvoir lâcher les cylindres.

Sir S. Baker conduisit ensuite Kabba-Réga et quatre chefs dans sa résidence particulière. Tous, en entrant, poussèrent l'exclamation : « Ouah ! ouah ! » cri d'étonnement que profèrent ces indigènes en se couvrant la bouche d'une de leurs mains. Les grands miroirs eurent un succès prodigieux. Par suite de l'opposition des glaces, Kabba-Réga et ses chefs se virent indéfiniment reproduits. « Kodjour ! » (magie), murmuraient-ils.

La boîte à musique exécuta ses plus beaux airs. Les visiteurs firent observer qu'elle était plus commode qu'un instrument dont il fallait apprendre à jouer ; et, ajoutait-on, « on peut la mettre en mouvement la nuit, pour s'endormir, quand on est trop ivre pour jouer soi-même d'un instrument, même quand on saurait le manœuvrer. »

Lady Baker donna au roi un certain nombre de belles perles de Venise qu'il trouva fort à son goût. Elle lui offrit aussi un bracelet doré garni de quatre grosses émeraudes fausses, un trésor comme il n'en avait jamais vu.

« Le 14 mai 1872, dit S. Baker, je pris officiellement possession de l'Ounyoro au nom du khédive d'Égypte.

« Une longue hampe s'élevait à l'extrémité orientale de l'hôtel du gouvernement. Les clairons sonnèrent l'assemblée; les troupes s'alignèrent, les irréguliers (anciens chasseurs d'esclaves) avec cette charmante *irrégularité* qu'on rencontre généralement chez ces mauvais soldats.

« Kabba-Réga, dûment averti, se présenta sans retard, suivi d'un millier de ses sujets. Les troupes se formèrent en carré pour écouter une courte allocution. Celle-ci terminée, je fis entrer Kabba-Réga dans le carré. Les hommes faisaient face en avant, la baïonnette croisée, comme se préparant à recevoir une charge de cavalerie. J'expliquai au jeune roi que cette disposition avait pour but de résister à une attaque faite de tous les côtés à la fois. Mais il semblait plus inquiet de sortir du carré que disposé à prêter l'oreille à une leçon de stratégie. En se voyant entouré ainsi, il croyait évidemment avoir été attiré dans un piège.

« Le drapeau fut hissé et salué, selon l'usage, par des salves répétées; puis la foule se dispersa.

« Après la cérémonie et en témoignage de satisfaction, le roi m'envoya un présent de douze chèvres. »

Le 23 mai, sir S. Baker envoya un détachement de trente-six hommes, accompagné de trois cents porteurs indigènes, à Fatiko, situé à 257 kilomètres, pour ramener de cette station les hommes, les munitions et les approvisionnements qu'il y avait laissés à la garde d'Abdoullah. Il voulait concentrer ses forces. Il ne conservait près de lui que cent réguliers, quatre matelots et quatre Baris armés.

Depuis le départ du détachement, il remarqua une notable modification dans les allures des chefs. Kittikara, jadis le meilleur de ses amis, n'osait plus le regarder en face; il baissait la tête quand il lui parlait ou quand il l'écoutait. Il n'obtenait la nourriture de ses troupes qu'avec les plus grandes difficultés et après d'interminables sollicitations.

Le 31 mai eut lieu un incident qui le rendit sérieusement inquiet.

« La station, dit sir S. Baker, était complètement organisée; les cultures prospéraient et, par son aspect, la colonie du gouvernement offrait le plus saisissant contraste avec le désert de hautes herbes qui nous entourait et la sordide cité de Masindi.

« Mes soldats n'ayant rien à faire, j'avais ordonné au colonel Abd-el-Kader de les exercer tous les matins. Le seul espace découvert où les troupes pussent manœuvrer était la place publique, située derrière le divan de Kabba-Réga, à peu près au centre de la ville. Ayant ordonné une parade, mes hommes se rendirent à cette place en traversant la ville. La musique les précédait, comme d'habitude, et je les accompagnais avec le lieutenant Baker.

« A mon grand étonnement, je vis les indigènes, sortis en foule de leurs huttes, envahir la place en un clin d'œil. Sauf nos sabres, nous étions sans armes, mes officiers, le lieutenant Baker et moi. Presque aussitôt, le gros tambour retentit dans la demeure de Kabba-Réga et ses notes profondes continuèrent à sonner l'alarme.

« Au bout de dix minutes à peine, les cornets mugissaient, les tambours battaient dans toutes les directions et, en moins de temps que je n'en mets à l'écrire, 5 ou 6000 hommes, armés de lances et de boucliers et animés d'une frénétique exaspération, avaient entouré les soldats.

« J'ordonnai de former le carré et de croiser la baïonnette. Ce mouvement parut intriguer extrêmement les indigènes, qui alors se mirent à danser autour du carré, à quelques pas de la ligne étincelante de baïonnettes abattues de façon à former une impénétrable barrière.

« La trahison était flagrante. Les interprètes, que je connaissais tous, étaient armés de fusils; les bonasouras (gardes du corps), également armés de fusils, avaient endossé leurs vêtements de guerre les plus fantastiques.

« Le plus léger accident eût suffi pour faire éclater les hostilités. J'avais 80 hommes sur le terrain au milieu de cette foule immense d'indigènes armés; le reste de ma troupe était resté à la station, éloignée d'environ 300 mètres, où, en cas d'une attaque générale, lady Baker, nos approvisionnements et nos munitions eussent couru le plus grand danger. »

Sir S. Baker s'approcha des chefs et feignit de croire qu'on avait voulu seulement organiser un divertissement. Il fit annoncer qu'il allait donner aux habitants le spectacle d'une manœuvre militaire.

Sur son ordre, chacun des côtés du carré s'avança en double, la baïonnette croisée. La foule se recula. Après avoir ainsi dégagé le carré, sir S. Baker ordonna à tous les indigènes de s'asseoir à terre et, singulière puissance de l'énergie morale! il fut obéi. Il fit ensuite demander Kabba-Réga. Ce jeune roi imbécile sortit de son divan dans un état d'ivresse bestiale, en brandissant une lance.

Le péril était conjuré. Les soldats se retirèrent, à travers les rues étroites de la ville, musique en tête.

Lady Baker, qui commandait en l'absence de son mari, avait parfaitement organisé la défense. Elle avait disposé des fusées pour incendier la ville, à la première décharge des troupes. « Cet excellent petit officier » avait réuni toutes les munitions et toutes les armes à feu sur une table à portée de sa main.

En somme, sir S. Baker et sa troupe avaient été bien près de leur perte. Il parut nécessaire de ne plus laisser les munitions et les approvisionnements exposés dans de légères huttes de paille, et l'on construisit un petit fort où il serait plus facile de les défendre.

Commencé le 2 juin, ce fort fut terminé le 5; quatre jours avaient suffi pour rendre la position inexpugnable.

Le 4 juin, arrivèrent des envoyés de Mtésé, roi de l'Ouganda; ils apportaient à sir S. Baker une lettre de compliments écrite en arabe. Sir S. Baker leur fit de nombreux cadeaux pour Mtésé et pour eux-mêmes. Il les chargea, pour ce dernier, d'une lettre dans laquelle, après l'avoir félicité de son abjuration du paganisme, il lui expliquait le but exclusivement

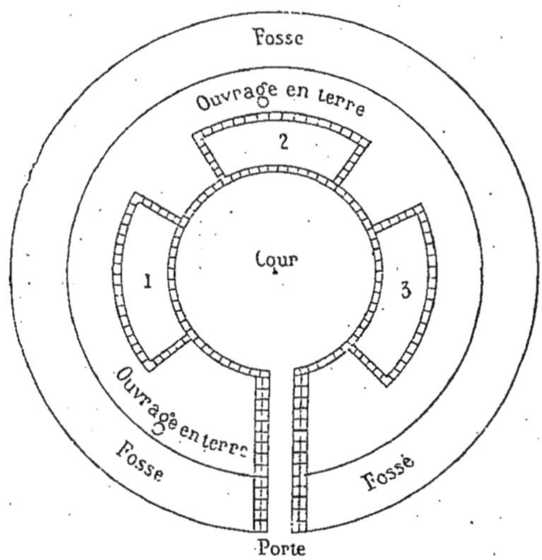

FORT DU CAMP DE S. BAKER A MASINDI.
1, 2, 3, POUDRIÈRES ET MAGASINS COUVERTS DE TOITS EN TERRE.

commercial de son expédition ; en même temps, il lui signalait le caractère jaloux de Kabba-Réga et le priait de communiquer directement avec lui. En cas de rupture avec le roi de l'Ounyoro, il était ainsi certain d'avoir un allié dans le roi de l'Ouganda.

Le 7 juin, les desseins détestables de Kabba-Réga se manifestèrent encore par une tentative odieuse.

Les troupes n'avaient rien à manger. Plusieurs fois, pendant le jour, le lieutenant-colonel Abd-el-Kader s'était rendu au divan de Kabba-Réga, pour insister auprès des chefs sur la nécessité de nous envoyer de la nourriture.

Au coucher du soleil, un chef et des indigènes apportèrent *sept* jarres de cidre et du blé. Ce chef se montra d'une extrême politesse, s'inclina très bas, en grimaçant des sourires, suppliant le pacha d'accepter le cidre et assurant qu'on enverrait, dès le lendemain, beaucoup de blé.

Ce cidre était empoisonné. Une moitié des soldats, en ayant bu, fut aussitôt en proie à des souffrances affreuses. Sir S. Baker eut recours à une boîte pharmaceutique qu'il gardait toujours à sa portée depuis vingt-cinq ans.

« A l'aube, dit-il, je me levai pour aller voir mes malades. Le contre-poison avait fait merveille et les patients, quoique faibles, étaient hors de danger.

« Il était environ cinq heures quarante-cinq du matin. Je remarquai que le divan de Kabba-Réga, situé à 50 mètres de l'hôtel du gouvernement, se remplissait d'indigènes.

« Ma femme venait de me rejoindre et, selon mon habitude, je parcourais l'avenue en fumant une courte pipe.

« Soudain, éclatèrent auprès de nous des hurlements sauvages poussés par un millier de voix!

« Au même moment, deux coups de feu retentirent dans la même direction. Sans perdre un moment, heureusement, j'ordonnai au clairon de sonner l'assemblée.

« J'avais à peine eu le temps de dire à ma femme de courir au divan et de m'en rapporter ma carabine et mon ceinturon, que les tirailleurs ouvrirent le feu sur moi de derrière des buissons situés à quelques mètres. Habillé tout de coton blanc, j'étais une excellente cible. Tandis que je courais au-devant de ma carabine, le sergent qui me suivait tomba mort, frappé d'une balle au cœur.

« Les troupes s'étaient mises en position avec une extrême rapidité; quelques soldats avaient escaladé le toit du fort, de façon à voir par-dessus les hautes herbes. L'un d'eux, atteint à l'omoplate, tomba, pour mourir au bout de quelques minutes. Un autre, appartenant aux « Quarante-Voleurs », fut blessé à la jambe au-dessous du genou.

« Des cris sauvages partaient de tous côtés; quelques instants après les deux premiers coups de feu, des milliers d'indigènes s'élancèrent en armes contre nous.

« Les troupes s'étaient déployées autour de la station et lançaient volées sur volées dans les masses d'ennemis dissimulés au milieu des hautes herbes que Kabba-Réga avait refusé de faire couper, en vue de sa perfide attaque.

« Les indigènes répondaient vigoureusement à l'abri des ricins et de leurs huttes pressées les unes contre les autres.

« Dès le commencement de l'action, j'avais demandé les feux bleus. A ce moment, mes petits serviteurs noirs, Sâat et Bellal, et quelques soldats en apportèrent une provision. Protégés par le feu de leurs camarades, ils s'élancèrent et, courant de hutte en hutte, ils mirent rapidement en flammes le chaume dont elles étaient revêtues.

« Bientôt, à notre droite et à notre gauche, s'élevèrent de hautes flammes flottant et sifflant sous le vent. J'entendais le crépitement des sniders sur notre droite, et, nos deux flancs étant parfaitement garantis par l'incendie, nous nous élançâmes, en coupant les ennemis, tout droit vers la principale résidence de Kabba-Réga : toutes ces constructions de paille furent bientôt en feu.

« Si le roi avait été chez lui, il aurait eu une chaude réception : mais le jeune poltron s'était enfui avant le commencement de l'action, avec ses femmes, le bamba magique du trône et le tambour sacré.

« En quelques minutes, la conflagration présenta un terrifiant spectacle; les flammes s'élevaient à une hauteur de 20 à 25 mètres et allaient, sous l'impulsion du vent, lécher et allumer le chaume des huttes voisines.

« Nous poursuivions, à travers la ville, les indigènes que les sniders décimaient. Les feux bleus accomplissaient l'œuvre de

BATAILLE DE MASINDI.

représailles; le mugissement des flammes, accompagnées d'immenses nuages de fumée, le crépitement continu de la mousqueterie, les hurlements sauvages des indigènes, faisaient de la capitale de l'Ounyoro l'image des régions infernales.

« En peu de temps, la ville fut en cendres. Mais des milliers d'indigènes s'avançaient sous le rideau des grandes herbes qui entouraient la station. Le feu soutenu des « Quarante-Voleurs » les en eut bientôt chassés.

« La bataille de Masindi était gagnée. Elle avait duré une heure et quart environ. De la grande ville, pas une maison ne restait debout. Un vaste espace libre plein de cendres blanches, avec un manteau de fumée lividement éclairé par les flammes des constructions qui achevaient de se consumer, voilà tout ce qui restait de la capitale.

« Nous avions perdu quatre soldats. »

C'était assurément un succès considérable que cette victoire, remportée par un si petit groupe d'hommes sur une multitude sauvage, et cependant, après la destruction de Masindi, l'expédition se trouvait dans une situation plus périlleuse que jamais.

La population de cette contrée, que sir S. Baker connaissait, ne pouvait pas être évaluée à moins de plusieurs millions, et les faits ne tardèrent pas à démontrer que le roi vaincu se préparait à prendre une revanche de l'incendie de sa capitale.

Le 11 juin, sir S. Baker faillit être victime d'un assassinat.

« Je fais le tour de la ville de Masindi, dit-il, accompagné du lieutenant Baker, d'Abd-el-Kader et de deux hommes des « Quarante ». Ni Abd-el-Kader ni moi ne portons de fusils, ne voulant pas inquiéter les indigènes. Je cause avec eux et je les engage à nous vendre des provisions.

« Ils me répondent avec une certaine réserve « que tout s'arrangera quand les messagers auront vu Kabba-Réga ». Ils se retirent un par un jusqu'à ce qu'il n'en reste plus que deux. Le lieutenant Baker remet son fusil à l'un des gardes qui nous suivent. Les deux indigènes, restés seuls, se tiennent sur la lisière des hautes herbes, près des cendres de la ville, à quelques pas de nous. Ils nous disent qu'ils s'approcheraient volontiers, s'ils ne craignaient pas les deux sentinelles armées, immobiles à une distance de 40 mètres environ.

« Je me détourne pour ordonner à ces sentinelles de reculer un peu. Dès que j'ai le dos tourné, une de ces perfides brutes me décoche sa lance qui vient s'enfoncer dans le sol à mes pieds. Au même moment, tous deux s'enfoncent dans les hautes herbes. »

Quand sir S. Baker revint au divan avec la lance dont il aurait dû être transpercé sans la poltronnerie qui faisait trembler la main de l'assaillant, sa femme, qui connaissait aussi bien que lui le caractère africain, protesta aussitôt contre la prétendue sincérité de Kabba-Réga. Au fond, il était parfaitement de cet avis. Dans l'Ounyoro, rien ne se fait que par ordre du roi. La superstitieuse vénération pour le possesseur du trône magique entraîne une obéissance passive. Cette tentative de meurtre pouvait cependant avoir pour cause un sentiment de vengeance inspiré à un indigène par la perte de tout ce qu'il possédait dans l'incendie de Masindi.

Le même jour, à huit heures du soir, après le dîner, sir S. Baker, assis dans son divan, tout en fumant, causait de la situation avec sa femme et le lieutenant Baker, lorsqu'une lueur soudaine attira son attention. Un officier vint lui dire que les quartiers abandonnés étaient en feu. Il se précipita dehors, avec sa femme et le lieutenant Baker, et malgré leurs anxiétés, tous trois ne purent s'empêcher d'admirer le spectacle qui se déployait devant leurs yeux.

Sans bruit, les soldats s'étaient rangés autour du fort; le genou en terre, ils surveillaient attentivement les approches. Au-dessus du campement, les flammes s'élevaient à une hauteur de plus de 20 mètres. Pas d'ennemi visible; les soldats ressemblaient à des statues et l'on n'entendait d'autre bruit que le mugissement des flammes.

Tout à coup, des hurlements, sortis de milliers de poitrines, éclatèrent à environ 200 mètres du fort. Les indigènes, s'approchant en rampant, avaient incendié le camp, dans l'espoir sans doute que les soldats s'élanceraient pour éteindre le feu et qu'ils pourraient attaquer le divan et le fort par le côté obscur. La tentative avait échoué.

Sir S. Baker était fixé. Décidément, Kabba-Réga se jouait de lui; il ne voulait que gagner du temps, réunir toutes les forces de l'Ounyoro et semer d'embuscades la route de la retraite.

« Le 13 juin, dit sir S. Baker, vers dix heures du matin, les indigènes assaillirent nos bestiaux, qui paissaient à 60 mètres du fort. Des flèches empoisonnées nous furent lancées. C'était une nouvelle attaque générale contre la station.

« Les braves « Quarante-Voleurs », tenant la tête, traversèrent, en courant, les ruines de la ville et s'élancèrent dans les hautes herbes, d'où les indigènes s'enfuirent comme des lièvres.

« J'ordonnai à Abd-el-Kader de prendre 80 hommes et des lances à feu et d'incendier tous les villages du voisinage. Bientôt le village le plus rapproché, situé à 700 mètres, ne présenta plus qu'un foyer incandescent. Au bout d'une heure, d'immenses nuages de fumée s'élevaient dans toutes les directions. »

Dans ces circonstances si difficiles, sir S. Baker s'arrêta à un projet qu'il avait déjà médité.

On a vu que l'ancien roi Kamrasi avait été, sa vie durant, en hostilité constante avec un roi voisin, Rionga. Lorsque Speke et Grant avaient séjourné dans l'Ounyoro, Kamrasi leur avait demandé vainement de l'aider à vaincre son ennemi : il avait fait les mêmes instances autrefois près de sir S. Baker, qui n'avait répondu à ses prières que par des refus. Rionga le savait et il en était reconnaissant. Il savait peut-être aussi que récemment, le 28 mars, Lokara, général en chef de Kabba-Réga, avait de nouveau voulu armer sir S. Baker contre ce roi, et que sa demande avait été rejetée. Si sir S. Baker pouvait maintenant placer Rionga sur le trône du fils de Kamrasi, ne serait-ce point changer entièrement la situation et assurer, presque d'un seul coup, la réussite du programme tracé par le khédive?

C'était là certainement une très heureuse inspiration. Mais la résidence de Rionga était située à 150 kilomètres de Masindi : pour se diriger vers lui, il fallait se frayer un chemin à travers des forêts d'herbes rudes, épaisses et hautes de plus de 2 à 3 mètres. On était dans la saison des pluies. On serait certainement attaqué, harcelé à toute heure pendant cette longue marche qu'il était presque insensé d'entreprendre. Cependant il n'y avait plus à hésiter.

Sir S. Baker savait d'avance que l'ennemi serait embusqué tout le long de la route et que l'on serait obligé de combattre à chaque pas, avec le terrain contre soi.

La question capitale était celle des vivres. Les provisions étaient presque complètement épuisées. Mais, à ce moment, quand chacun craignait de mourir de faim, lady Baker avoua à son mari un secret qu'elle avait religieusement gardé jusque-là, dans la crainte d'exciter la convoitise des soldats. Aux temps d'abondance, elle avait mis en réserve une certaine quantité de blé et elle en possédait actuellement vingt-cinq hectolitres.

« Que Dieu lui donne de longs jours ! » s'écrièrent en chœur officiers et soldats.

On avait assez de blé pour le voyage de sept jours qui devait conduire l'expédition à Foouira, sur le Nil Victoria et où se trouvaient des forêts de bananiers. L'île de Rionga n'en était éloignée que de 24 kilomètres.

Le troupeau était réduit à 70 bêtes. Il était à craindre qu'il ne fût pas possible de lui faire traverser une région de hautes herbes, dans lesquelles, en cas d'attaque, effrayées par la mousqueterie, elles pouvaient s'enfuir et se perdre.

Sir S. Baker réunit ses hommes et, après leur avoir nettement exposé la situation, il leur distribua, en don gratuit, toutes les étoffes de coton appartenant à l'expédition. Chaque homme devait porter dans son sac 1500 grammes de perles, dont un tiers lui serait ultérieurement attribué.

CHAPITRE V

En retraite[1].

Le 14 juin 1872 fut le jour fixé pour le départ.

« L'ordre de la marche, dit sir S. Baker, était ainsi réglé :

« En tête, un Bari, qui se prétendait capable de nous servir de guide;

« L'avant-garde, composée de dix-huit sniders, commandée par le lieutenant-colonel Abd-el-Kader;

« Moi-même, avec dix sniders escortant les munitions, le lieutenant Baker, ma femme et deux domestiques portant chacun un fusil double à éléphant, se chargeant par la culasse;

« Au centre, le corps de la troupe, avec les femmes, les enfants, les domestiques, deux chevaux et trois ânes;

« L'arrière-garde, comprenant quinze sniders.

« Les soldats d'avant-garde et d'arrière-garde ne portaient que leurs sacs et une petite poche de farine.

« Cinq des soldats m'accompagnant étaient également exempts de toute surcharge.

« Tous les autres, même les femmes et les enfants, avaient chacun quelque bagage à porter.

« Le nombre total des soldats n'était que de cent.

1. Cette retraite à travers la jungle, au milieu d'ennemis sans cesse renaissants, est véritablement merveilleuse. Un moderne Xénophon pourrait la nommer : « La retraite des Cent. »

« Ce qui restait de notre troupeau, 70 bêtes, aurait encombré notre sentier. Ces animaux devaient nous suivre librement à droite et à gauche.

« Je ne dissimulai pas aux soldats qu'ils seraient souvent attaqués pendant la route, et d'une façon fort désavantageuse pour eux; mais que le succès dépendait de leur obéissance aux ordres donnés pour la marche et de leur sang-froid.

« Je leur fis bien comprendre les distances à observer d'homme à homme et la manœuvre à effectuer en cas d'attaque simultanée sur nos deux flancs.

« On marcherait en file. Chaque soldat devait pouvoir, en étendant le bras, toucher de la main le sac de celui qui le précéderait.

« Les clairons étaient répartis à l'avant-garde, au centre et à l'arrière-garde, de façon que nous pussions communiquer, tout le long de la ligne, au milieu des hautes herbes.

« En arrivant à un cours d'eau, ou pendant la traversée d'un marais ou d'une rivière, personne ne devait s'arrêter pour boire avant que le clairon de l'avant-garde eût sonné la halte.

« Il était défendu aux femmes d'ouvrir la bouche pendant la marche.

« Avant de donner le signal du départ, il me restait à consommer un sacrifice. Je fis étendre ma grande tente sur les bagages que nous ne pouvions emporter et répandre pardessus une grande quantité d'éther sulfurique, d'esprit-de-vin, d'huile à brûler, d'essence de térébenthine et tout le contenu de ma grande caisse pharmaceutique, à l'exception d'un long rouleau de sparadrap, d'un certain nombre de bandes et d'un gros paquet de charpie.

« Sur la toile de la tente, ainsi saturée de liquides inflammables, je disposai environ soixante fusées.

« A neuf heures trente du matin, l'avant-garde défila le long de notre avenue sablée et fit halte à l'extrémité de la station de Masindi.

« Selon mes ordres, tout le monde était muet.

« La pluie tombait en brume et le ciel était d'un gris sombre.

« L'arrière-garde mit le feu à la toile. J'avais dû condamner à la destruction tout ce qui n'était pas absolument nécessaire pour soutenir ou défendre notre existence, et jusqu'aux portraits de mes enfants.

« Les flammes s'élevèrent dans l'air et je dis à haute voix : « En avant ! »

« Bientôt nous abordâmes le fouillis inextricable d'herbes rudes, épaisses, surpassant de près d'un mètre nos têtes, et qui en ce moment s'affaissaient sous la pluie.

« Ma femme me suivait de près, portant dans son sein des charges de rechange pour une carabine hollandaise et, à la ceinture, un revolver. Le lieutenant Baker avait en bandoulière un fusil et un grand sac de munitions, à la main une carabine double se chargeant par la culasse, sur l'épaule un sac de cartouches. Venaient ensuite deux de mes domestiques, Soliman et Mohammed-Haroun, chargés chacun d'une de mes carabines à éléphant ; ils portaient aussi des balles de picrate de potasse d'une incroyable puissance. Un homme atteint par un de ces projectiles est instantanément mis en morceaux.

« Nous descendîmes la colline où s'élevait la station et nous abordâmes, en file indienne, comme il avait été convenu, un étroit sentier qui nous conduisit à un petit marais.

« Après avoir traversé la vase épaisse, nous trouvâmes un terrain solide et nous continuâmes à marcher lentement, à cause des bestiaux qui vaguaient à droite et à gauche.

« Nous avions fait ainsi près de 2 kilomètres sans qu'aucun bruit suspect fût encore venu frapper nos oreilles, lorsque éclatèrent derrière nous les voix tumultueuses des indigènes attirés par l'incendie de la station.

« Nous avancions lentement à travers des herbes de 1m,40 de hauteur et des bouquets de bois çà et là disséminés.

« La pluie tombait maintenant en ondée et je craignais que les fusils d'ancien modèle ne fissent long feu.

« On entendait résonner, dans toutes les directions, les tambours et les bouquins; l'alarme se répandait rapidement de village en village. A notre droite, sur une colline boisée, retentissaient les tambours dominés par les cris des indigènes, évidemment en possession d'un sentier qui nous était inconnu et parallèle à celui que nous suivions.

« Nos haltes furent si fréquentes, en raison de la continuelle dispersion de nos bestiaux, qu'après sept heures de marche, nous n'étions encore éloignés que de 16 kilomètres de notre point de départ.

« Nous entrâmes dans la vallée de Jon-Joke. Devant nous s'élevait une colline couverte de bosquets de bananiers où nous avions passé une nuit, en venant, en avril, de Foouira à Masindi. A cette époque, la marche à travers la jungle était relativement plus facile : la végétation, herbes et plantes rampantes, s'était multipliée depuis et avait couvert et effacé toutes les traces de notre passage.

« Le sentier que nous suivions, à travers les hautes herbes, n'avait pas plus d'un pied de largeur et ressemblait à un sillon tracé par des moutons. L'épaisseur du rempart d'herbes de chaque côté de la troupe était telle, que, si l'on y entrait sa main, on ne la voyait plus.

« Tout à coup l'avant-garde ouvrit un feu nourri et le clairon sonna la halte.

« A quelques pas devant moi marchait Hohouarti, mon habile pêcheur, portant sur la tête une caisse de métal; le fusil passé en bandoulière, il avait à sa ceinture un pistolet double se chargeant par la culasse dont je lui avais fait présent.

« Des pointes de lance traversaient le sentier; sur mon ordre, toute la ligne ouvrit le feu sur les hautes herbes.

« On vint me dire qu'Hohouarti avait été frappé. Je courus

à lui. Il était assis par terre, à côté de sa caisse, occupé à recharger son pistolet. Une lance l'avait atteint au bras, juste au-dessus de l'articulation de l'épaule, et, traversant le corps, était sortie par l'estomac. En recevant cette blessure, Hohouarti avait jeté bas son fardeau, tiré son pistolet de sa ceinture et tué raide l'indigène qui avait quitté son embuscade pour reprendre sa lance fichée dans le corps de mon pauvre matelot.

« J'allais perdre encore un de mes meilleurs compagnons, dont la bonté égalait la fidélité et qui venait de donner une preuve du froid courage dont il était doué, en retirant lui-même la lance de sa blessure.

« Ma femme était aussi accourue. Hohouarti avait réussi à recharger son pistolet; mais, au moment où je lui demandai si je pouvais le placer sur un âne, il s'évanouit. Je bandai à la hâte sa blessure et le fis coucher sur un brancard; mais les hommes était si pesamment chargés qu'il était difficile d'en faire des porteurs. Le lieutenant Baker prit un des montants, un soldat de l'avant-garde prit l'autre et nous reprîmes notre marche au son du clairon.

« Les lances recommencèrent à voler à travers le sentiers; quelques décharges déblayèrent la voie et, forçant notre chemin dans les hautes herbes, nous gravîmes la pente de la colline. Là, Dieu merci! il n'y avait pas d'herbes. Nous y fîmes halte au milieu d'un bois de bananiers.

« Après que les sentinelles eurent été placées, les hommes se mirent à abattre les arbres et à les dresser en palissade autour du camp.

« Il n'avait cessé de pleuvoir pendant la journée.

« Nous étions tous mouillés et glacés. Heureusement, nos allumettes, enfermées dans une boîte d'argent, avaient échappé à l'humidité. Avec beaucoup de peine, nous parvînmes à allumer des feux autour desquels se couchèrent les soldats et les femmes.

« Un silence de mort régnait dans le campement. A l'exception des sentinelles, tout le monde dormait. Moi, étendu sur mon lit de camp, je songeais au lendemain, aux difficultés que nous aurions à vaincre, le pays tout entier étant soulevé contre nous.

« Le matin du 15, dès que nous fûmes en marche, les bestiaux se remirent à vaguer : il fallait faire courir souvent à leur recherche. Je donnai l'ordre de les abandonner, certain qu'en cas d'attaque générale ils deviendraient une cause de désordre, en bousculant notre ligne et en renversant les hommes.

« Nous pûmes alors accélérer notre pas et faire environ 2 kilomètres et demi à l'heure dans l'étroit sentier, à travers les grandes herbes et les bois épais.

« Après une heure et demie, nous arrivâmes à une déclivité au bas de laquelle s'étendait un grand terrain marécageux, coupé au centre par un cours d'eau.

« Notre avant-garde n'était pas à 100 mètres du bas-fond, quand retentit un épouvantable vacarme; on aurait dit que l'enfer avait vomi tous ses démons. Hurlements, tambours, bouquins, sifflets éclatèrent à la fois, sous le couvert, avec une intensité telle que les soldats en restèrent un moment stupéfiés. Le formidable bruissement des hautes herbes témoignait de la présence d'une multitude d'ennemis.

« Les fardeaux furent déposés et les soldats, face à droite et à gauche, mirent le genou en terre, au moment où parurent les pointes de lances.

« Les clairons commandèrent le feu et le combat commença.

« Je vis plusieurs lances passer à un pouce ou deux de la tête de ma femme; heureusement, elle et moi, nous étions aussi agenouillés. Le feu de file se poursuivait sans intermission. L'épaisseur de l'herbe réduisait considérablement la portée des sniders. Mes domestiques me tendirent les cara-

EMBUSCADE DANS LES HAUTES HERBES.

bines à éléphant et un coup double, à droite et à gauche, fut suivi de l'explosion des balles de picrate de potasse frappant des objets inconnus, hommes ou arbres.

« Une nouvelle décharge de ce terrible projectile calma l'ardeur de l'attaque. Je m'imagine que la bruyante explosion de ces balles, au milieu et peut-être aussi à l'arrière de l'ennemi, fit croire aux indigènes qu'ils étaient assaillis à revers.

« Il serait difficile de dire combien de temps dura le combat ; mais nous dépensâmes une grande quantité de munitions avant que les lances cessassent de voler à travers notre ligne, et d'entendre s'éloigner le bruit des tambours et des bouquins.

« Le clairon sonna la marche. Après avoir traversé le cours d'eau, nous abordâmes une sorte de champ marécageux d'environ 4 hectares de superficie. « Ah ! s'écrièrent quelques soldats, si nous pouvions les tenir ici ! »

« On fit l'appel. Le pauvre Hohouarti était mort ; dans l'impossibilité de transporter son cadavre, on l'avait laissé dans l'herbe, au bord du sentier.

« L'arrière-garde avait été vivement pressée. Si nous n'avions eu à notre disposition que des fusils du vieux modèle, notre troupe eût été anéantie.

« On ramassa du bois et on en construisit un bûcher, sur lequel je fis brûler tous les effets embarrassants, les brancarts, une caisse d'excellente eau-de-vie de France, l'uniforme de marine du lieutenant Baker, etc. Les bouteilles d'eau-de-vie éclataient au feu. Les peaux brutes, sur lesquelles les soldats reposaient la nuit, étant devenues trop lourdes, par suite de l'humidité qui les avaient pénétrées, furent jetées dans les herbes. Je donnai ensuite l'ordre du départ, et bientôt nous nous trouvâmes engloutis de nouveau dans la gigantesque jungle.

« Nous y étions à peine entrés que les cris, les bouquins et les tambours recommencèrent leur vacarme. Les animaux qui nous restaient étant embarrassants ou trop faibles pour marcher, je chargeai le sergent de la garde du corps de les tuer et de jeter leurs chargements dans les herbes. Des détonations répétées m'ayant appris que l'ordre était exécuté, je fis sonner la marche et nous nous remîmes en route. Le temps était splendide; un radieux soleil séchait nos vêtements mouillés.

« L'avant-garde ouvrit le feu, en même temps l'arrière-garde était attaquée. Un feu de file bien dirigé nettoya le couvert; et voyant mes hommes s'animer un peu trop, je donnai le signal de cesser le feu et de marcher en avant.

« Un des « Quarante », Ali Gobour, avait reçu une lance dans la jambe, ce qui ne l'empêcha pas de nous suivre en boitant.

« Nous commencions à deviner les endroits où nous pouvions être sûrs de rencontrer des embuscades.

« Chaque fois que nous descendions une pente conduisant à un fond marécageux, nous devions nous attendre à trouver des ennemis cachés dans les grands roseaux. J'ordonnai qu'en approchant de cet emplacement l'avant-garde tirât quelques coups de feu dans les fourrés, à mi-corps d'homme. Nous forcions ainsi les ennemis à lancer leurs javelines avant que nous fussions au milieu du marais; puis nous ouvrions un feu nourri dans les roseaux et nous marchions rapidement en avant.

« Les embuscades avaient été soigneusement organisées par nos ennemis. Derrière une rangée d'herbes d'environ trois pieds d'épaisseur s'élevant le long du sentier, ils coupaient ou arrachaient l'herbe de façon à dégager assez de terrain pour leur permettre de prendre leur élan quand ils lançaient leurs javelines. Puis ils attendaient que nous fussions entrés dans cette sorte de chausse-trape et ils s'entendaient pour ne nous attaquer simultanément que lorsque notre ligne de marche se trouvait exactement en face d'eux. Ils ne pouvaient nous voir à travers l'épais rideau d'herbes, pas plus que nous ne les apercevions nous-mêmes.

« Toujours exposés à l'attaque de nouveaux ennemis, à peine avions-nous détruit une embuscade que nous en trouvions une autre. Vu le nombre considérable de javelines lancées contre nous, il est étonnant que si peu d'hommes aient été touchés. Il est vrai que les sacs servaient, pour ainsi dire, de boucliers.

« Nous arrivâmes enfin à un lieu dont l'aspect seul me fit supposer qu'il était fortement occupé. A notre droite se dressait une rangée de collines rocheuses que nous longions parallèlement. Nous nous dirigions vers un bas-fond que nous ne pouvions atteindre qu'en franchissant d'énormes blocs de granit qui le commandaient complètement. Chacun de ces blocs avait au moins 2 mètres à 2 mètres et demi de hauteur, quelques-uns plus encore; à leur pied s'étalaient, comme partout, des hautes herbes et des bouquets de bois. Je recommandai aux hommes de ne faire feu que quand ils verraient l'ennemi et de tirer avec soin.

« L'attaque commença au moment où nous abordions la déclivité. Deux lances atteignirent le colonel Abd-el-Kader, l'une à l'avant-bras, l'autre glissa sur son épaisse guêtre de cuir.

« Les sniders firent leur office; mais, après la première décharge, je fis accélérer le pas, afin de sortir au plus vite de cette impasse.

« Dès que nous l'eûmes quittée, je pansai le bras d'Abd-el-Kader et nous continuâmes au même pas jusqu'à deux heures de l'après-midi; nous nous trouvions dans un champ cultivé où je résolus de bivouaquer.

« Le lieutenant Baker et les autres officiers concoururent à l'érection d'une palissade. Les vêtements mouillés furent étendus au soleil et l'on fit toutes les dispositions nécessaires pour passer la nuit le moins mal possible. Je pensais peu à moi, mais je souffrais des privations auxquelles ma femme se trouvait exposée, étant sans lit et sans tente.

« La nuit se passa tranquillement et, le 16 juin, nous partîmes à six heures et demie du matin.

« En arrivant devant un ruisseau qui coulait dans un bas-fond vaseux, nous tombâmes de nouveau dans une forte embuscade. Quelques ennemis, sortant hardiment de leur repaire, s'élancèrent sur les premiers soldats d'avant-garde. Plusieurs furent mis bas par les sniders; mais l'un d'eux perça la poitrine d'un soldat dont le fusil avait raté. Ce soldat, bien que mortellement blessé, se jeta sur l'indigène et lui enfonça dans le cœur la lance qu'il avait arrachée de sa propre blessure.

« Le clairon sonna la halte; on enleva au brave soldat son sac et sa cartouchière et on laissa son corps à côté de celui de son ennemi.

« Nous marchâmes jusqu'à dix heures un quart du matin, ayant combattu presque tout le long de la route. Nous étions arrivés à une de nos anciennes haltes, Chorobézé, à 43 kilomètres de Masindi.

« Je rassemblai mes gens et j'examinai leurs gibernes. Quelques-uns des hommes d'avant-garde avaient brûlé chacun 80 cartouches, seulement pendant la marche de la matinée !

« Les soldats en étaient venus à se persuader que, pour avancer en sûreté dans ces hautes herbes regorgeant d'ennemis, il était nécessaire de se transformer en machines infernales, crachant la flamme et les balles à tout instant et dans toutes les directions.

« Les cartouches furent comptées : il n'en restait que 8870.

« Je distribuai alors à chacun quarante cartouches et je jurai que je ne leur en donnerais pas une autre, depuis ce lieu (Chorobézé) jusqu'à ce que nous eussions rejoint le détachement du major Abdoullah à Fatiko. J'ajoutai que si un soldat dépensait toutes ses munitions, il finirait la route avec une giberne vide.

« Le 17 juin, nous partîmes à six heures du matin, avec l'intention d'atteindre Koki. Nous arrivâmes enfin à une belle route; tout prouvait qu'elle avait été réparée récemment; évidemment c'était un leurre destiné à nous attirer dans une puissante embuscade.

« Je fis faire halte et j'allai en avant examiner la route. Il n'y avait pas d'autre sentier. Il nous fallut donc absolument la suivre.

« Pendant une heure, rien ne s'opposa à notre marche et nous arrivâmes à un endroit où la route se terminait brusquement. L'avant-garde s'arrêta.

« Nous cherchâmes un sentier et nous finîmes par découvrir, à quelques pas à notre gauche, la route originelle, intentionnellement cachée par des herbes et des branches d'arbres.

« A peine avions-nous abordé ce sentier, que nous fûmes attaqués. Un de nos palefreniers fut atteint d'une lance qui traversa sa jambe, derrière le genou, et trancha les tendons. On le plaça sur un âne. Le petit garçon qui conduisait mon cheval, à quelques pas de moi, poussa un cri perçant; il venait d'être traversé de part en part par une javeline. Le pauvre enfant, rampant sur les mains et les genoux, s'avança vers moi, disant : « Pacha, faut-il entrer dans les herbes? Où dois-je « aller? » — Il n'avait pas une minute à vivre.

« Un autre de nos palefreniers fut frappé à la hanche.

« Un feu violent dispersa l'ennemi, qui se retira en hurlant et en tirant de ses sifflets des sons aigus.

« Il y a dans les forêts de l'Ounyoro un oiseau dont le cri strident était imité par les bouquins de cornes d'antilope. J'avais observé qu'avant une attaque nous entendions toujours le cri de cet oiseau.

« Mes Baris prétendaient que l'oiseau nous avertissait du danger et chantait : « Co-co-mé! co-co-mé! » mot qui, dans leur langue, signifie : « Veillez! veillez! »

« Mes soldats affirmaient qu'il criait : « Aux armes ! » Aussi armaient-ils leurs fusils dès qu'ils entendaient le signal.

« Ma femme ressentait une fatigue extrême. Une marche constante avec des bottes humides qui se remplissaient de gravier, quand nous avions à traverser des cours d'eau ou des bas-fonds vaseux, lui avait endolori les pieds. Elle marchait difficilement et au prix d'intolérables douleurs.

« Nous nous avancions, en gardant le silence le plus absolu, quand j'entendis le cri : « Co-co-mé ! co-co-mé ! »

« Immédiatement les lances parurent ; aussi promptes que l'éclair, les carabines y répondirent.

« Le clairon de l'avant-garde sonna la halte. Je m'élançai et j'appris que le lieutenant Mohammed-Mustapha avait été blessé. Mon vieux cheval Zafir avait reçu une javeline de chasse dans le flanc. Le trait avait traversé le corps de part en part.

« Un quart d'heure après, la lumière grandit et nous entrâmes dans une large vallée entourée de bois et d'une superficie d'environ 4 hectares. Au centre se trouvait un puits d'eau potable de 4 mètres de profondeur et si évasé qu'un homme pouvait y descendre au moyen de marches creusées dans le gravier.

« Le 18 juin, nous nous mîmes en route dès le lever du soleil.

« Je ne veux pas retracer, dans ses moindres détails cette interminable série d'embuscades. Chaque jour de nouvelles attaques, repoussées avec une énergie qui ne faiblissait pas.

« Pendant toute cette journée du 18, nous luttâmes vigoureusement. Quatre hommes furent atteints par des javelines.

« Ma femme se trouvait excessivement fatiguée et, malgré son courage, elle dut demander du repos. Impossible de reposer dans la jungle ; mais j'avais remarqué, droit devant moi, une colline couronnée d'un bouquet de bananiers, et je l'aidai à s'y rendre. Bientôt nous pénétrâmes dans un épais fourré où, comme il arrive toujours sous les bananiers, le sol était libre d'herbes.

« Mes hommes étaient altérés de vengeance. A bout de souffrances, atrocement traités par les indigènes, ils brûlaient de les rencontrer face à face ; les « Quarante-Voleurs », l'œil et l'oreille tendus, guettaient avidement l'apparition des perfides Ounyoriens.

« Nous entendîmes un bruit de pas. Deux des meilleurs tireurs des « Quarante » abaissèrent leurs carabines ; les coups partirent et deux indigènes tombèrent sur le sol. Les soldats s'élancèrent et revinrent presque aussitôt traînant un cadavre par les talons.

« Une petite excursion dans le voisinage me fit découvrir des champs de sorgho mûr que l'on récolta immédiatement. Pendant ce temps, mes soldats se livraient à une cérémonie barbare qui me causa un profond dégoût.

« Obéissant à une abominable superstition, ils s'imaginaient que chacune de leurs balles tuerait un Ounyorien s'ils dévoraient le foie de l'un des ennemis. En conséquence, ils avaient arraché le foie des cadavres et, se l'étant partagé, l'avaient *mangé cru !* Découpant ensuite les corps avec leur sabres-baïonnettes, ils en avaient disséminé les membres sur la haie, en guise d'épouvantail à l'adresse de tout Ounyorien qui aurait tenté de suivre notre piste.

« Jamais je n'aurais pu croire mes « Quarante-Voleurs », que je considérais comme à peu près civilisés, capables d'une atrocité semblable. La vérité était que, dans les hautes herbes, ils ne pouvaient être sûrs de leurs coups et qu'ils croyaient fermement que l'horrible coutume à laquelle ils venaient de se livrer rendrait mortelle même une balle perdue.

« Nous partîmes et, après diverses rencontres, plus sérieuses peut-être que jamais, nous arrivâmes à Kasinga.

« Le 19 juin fut une de nos plus pénibles journées de marche ; nous eûmes à traverser de nombreux ravins et d'inextricables forêts.

« Nous fûmes attaqués par diverses embuscades, dans l'une

desquelles ma femme perdit un de ses favoris, le petit Jarvah, surnommé « le gras ». Ce pauvre garçon fut atteint de deux javelines à la fois; l'une lui traversa les deux jambes, l'autre le corps. Il fut tué à quelques pas seulement derrière ma femme.

« Dans une de ces embuscades, au moment où l'ennemi venait d'être repoussé, Faddoul, l'homme le plus vigoureux des « Quarante-Voleurs », me dit qu'il était grièvement blessé. Une lance, le frappant par derrière, s'était arrêtée à l'aine. Il perdait tant de sang que, tandis qu'il se tenait debout devant moi, une mare se formait à ses pieds.

« Enfin nous arrivâmes à Kisouna, où nous entrâmes après une rapide marche.

« Nous nous trouvions alors sur un terrain dégagé d'herbes et de bois, avec des huttes pour nous abriter et de vastes champs où nous pouvions récolter une quantité illimitée de pommes de terre.

« Dès que l'arrière-garde arriva, j'assemblai officiers et soldats. Je leur appris que nous n'étions plus qu'à 33 kilomètres de Foouira et que nous en connaissions le chemin; que Rionga serait bientôt informé de notre arrivée; que je fortifierais l'emplacement où nous nous trouvions et que nous y resterions quelques jours, pour donner à nos blessés le temps de se remettre; que, pendant ce temps, tous les hommes prépareraient les conserves de pommes de terre [1].

« J'ordonnai ensuite à la musique de jouer aussi vigoureusement que possible, afin de prouver aux indigènes, qui pourraient être aux écoutes, que nous nous trouvions dans une excellente situation d'esprit.

« Nous nous entourâmes d'une forte palissade, à l'abri de laquelle nous nous reposâmes quelques jours.

1. Cette conserve se prépare en coupant les pommes de terre par tranches que l'on fait sécher au soleil.

« Nos blessés ayant repris des forces et les pieds de ma femme étant à peu près guéris, nous partîmes le 23 juin.

« Tous les matins, les clairons et les tambours sonnaient la diane, pour montrer aux indigènes que nous étions établis dans un camp permanent et pour éviter les embuscades qui pourraient nous être tendues au moment de notre départ.

« Nous levâmes le camp avant l'aube. Après avoir fait 22 kilomètres, nous arrivâmes à un puits près duquel nous fîmes halte pour la nuit. Un seul homme avait été blessé pendant le chemin.

« Quoique nous fussions près du pays de Rionga, je n'en fis pas moins dresser notre barricade de ronces et de branches d'arbres.

« Le 24 juin, après une marche de 11 kilomètres, pendant laquelle nous ne rencontrâmes pas d'ennemis, nous arrivâmes à Foouira, l'ancien camp de Soliman. Je comptais y trouver de quoi nous abriter ; mais toutes les huttes avaient été incendiées et il ne restait plus, du campement, que des cendres noircies. »

CHAPITRE VI

Foouira. — Le roi Rionga. — Retour à Fatiko

Les pertes de l'expédition, du 8 au 14 juin, se montaient à six tués et onze blessés. Tous les hommes, officiers et slodats, avaient fait leur devoir et déployé, au milieu des plus terribles épreuves, autant de courage que de sang-froid. Des soldats noirs seuls étaient capables de résister à une marche de 130 kilomètres, chargés à outrance et se battant tous les jours.

Sir S. Baker entreprit la construction d'une nouvelle station et le vieux bois du camp de Soliman lui servit pour se palissader. Les gros madriers lui manquant, il fit planter profondément en terre de fortes perches s'élevant d'environ 2 mètres au-dessus du sol. L'intervalle de $0^m,25$ qui les séparait fut rempli par de longues perches placées horizontalement l'une sur l'autre. A chacun des coins du carré, des ouvrages flanquants devaient défendre obliquement le fort.

En très peu de jours, ces divers travaux furent terminés; ils protégeaient suffisamment les huttes de la nouvelle station.

Sir S. Baker pouvait se dire qu'il était, suivant une locution ordinaire, « maître de la situation »; mais la situation, en ce moment, n'était pas brillante. Il était vrai que Kabba-Réga était en fuite et qu'on avait pris possession de l'Ounyoro. Cependant on avait encore devant soi bien des sujets d'inquiétude.

On était sans nouvelles du major Abdoullah, qu'on avait laissé, avec 100 hommes, dans le petit fort de Fatiko. Si son détachement avait été détruit, si l'on s'était emparé des munitions, des armes, des approvisionnements contenus dans le fort, sir S. Baker aurait vu ses moyens d'action réduits jusqu'à compromettre gravement la fin de la campagne.

Sa troupe ne se composait plus que de quatre-vingt-dix-sept soldats et officiers, cinq indigènes, trois marins. En comptant les trois Européens, les femmes, les domestiques et les enfants, l'expédition comprenait en tout cent cinquante-huit personnes. Il fallait les nourrir. Depuis le 14 juin, on n'avait pas eu un seul morceau de viande. Sur la partie de la rive où l'on campait, il n'y avait ni collines, ni habitants, ni animaux d'aucune sorte : de temps à autre seulement, quelque vautour venait se poser sur un arbre mort, comme pour jouir du spectacle de ce paysage désolé. On vivait de plantes et, pour les assaisonner, le sel manquait; il fallait brûler les herbes afin d'en tirer un peu de potasse.

Il restait un peu d'eau-de-vie, mais on la conservait pour les malades. Deux fois par jour, les hommes, accompagnés des femmes, allaient récolter des bananes vertes qu'ils pelaient et faisaient sécher au soleil, à leur retour au camp.

Mais le plus sérieux motif de tourment était que Riongat dont l'île n'était cependant qu'à 24 ou 25 kilomètres en amon, de Foouira, ne donnait aucun signe de vie. Il était impossible qu'il ne fût pas informé que l'expédition attendait.

On se prépara néanmoins à traverser le Nil Victoria qui, en face de la station, avait une largeur d'environ 700 mètres. Par bonheur, il se trouva qu'un des « Quarante », un Arabe Baggara, était un excellent constructeur de canots.

On abattit de grands palmiers, on coupa des tiges de papyrus et, vers la fin de juin, on possédait les canots et les radeaux nécessaires.

Le 1er juillet, à l'aube, après une nuit de pluie, une voix, s'élevant du milieu des herbes humides, à une centaine de mètres de distance, cria en arabe aux sentinelles :

« Ne tirez pas ! Je suis envoyé par Rionga à Malleggbé[1]. »

L'homme, tout mouillé et frissonnant, fut amené à sir S. Baker. Il était venu en canot, pendant la nuit, mais il avait craint d'affronter les sentinelles avant le jour. Une fois assuré d'un bon accueil, il informa le pacha qu'un neveu de Rionga se tenait dans les hautes herbes ; sur l'ordre qui lui fut donné, il courut le chercher et revint au camp avec lui.

Ces indigènes parlant arabe, sir S. Baker leur raconta lui-même ses refus réitérés d'attaquer Rionga, alors qu'il en était vivement sollicité, d'abord par Kamrasi, puis par son fils, Kabba-Réga. Il leur dit que s'il s'était allié avec le roi de l'Ounyoro contre Rionga, la bataille de Masindi n'aurait pas eu lieu et il n'aurait pas perdu quelques-uns de ses meilleurs soldats ; que maintenant il était résolu à déposer Kabba-Réga et à nommer Rionga vakil ou représentant du gouvernement égyptien, s'il consentait à prêter serment de fidélité.

Il envoya en présent à Rionga une pièce de drap rouge de Turquie, une autre de croisé bleu et quatre mouchoirs ; en même temps, il lui fit savoir que la faim était au camp et qu'il fallait y envoyer du pain et de la viande.

Le surlendemain, Rionga expédia deux canots portant du blé, des pommes de terre, un bœuf et un mouton. On tua le bœuf immédiatement, car, littéralement, on mourait de faim.

Le 16 juillet, sir S. Baker alla, avec une suite nombreuse, rendre visite à Rionga dans neuf canots appartenant à ce dernier, tandis que les soldats s'avançaient à pied sur la rive sud.

Après avoir pagayé pendant 25 kilomètres sur le grand Nil

1. « L'homme à la longue barbe. » C'était le sobriquet donné à sir S. Baker, lors de son premier voyage dans l'Ounyoro.

Victoria qui, dans sa partie la plus étroite, a 300 mètres au moins de largeur, on arriva à un endroit désolé, en face de l'extrémité de l'île où résidait Rionga. On y passa la nuit assez mal.

Le lendemain matin, les troupes arrivèrent, sous la conduite du lieutenant-colonel Abd-el-Kader. Elles avaient beaucoup souffert des hautes herbes et des ronces, ayant été obligées, en l'absence de tout sentier, de se frayer un chemin dans la jungle.

« Le 18 juillet, dit sir S. Baker, vers huit heures, nous vîmes une multitude de grands canots quitter l'île et se diriger vers notre débarcadère.

« On nous offrit en présent un bœuf, un mouton et une charge de blé. Puis Rionga vint à nous, suivi d'un nombreux état-major.

« Rionga est un bel homme d'environ cinquante ans; il a d'excellentes manières : on ne voit rien en lui de la raideur qu'affectait Kamrasi, ni de la gaucherie de Kabba-Réga. Il semblait parfaitement à l'aise.

« Je lui avais envoyé, la veille, un magnifique manteau de brocard d'or, un tarbouch (fez) neuf et un turban bleu de ciel. Il me remercia de ce beau vêtement, sans lequel, assurait-il, il lui aurait été bien difficile de se présenter devant moi.

« Les troupes furent mises en ligne pour le recevoir, et immédiatement la conversation tomba sur Kabba-Réga et Abou-Saoud.

« Grâce à ses espions, il connaissait tous les évènements accomplis et il me dit que, depuis longtemps, Abou-Saoud avait comploté ma perte avec le roi de l'Ounyoro, dans le cas où je parviendrais à quitter Gondokoro. Il savait que j'avais toujours refusé de l'attaquer et reconnut que je l'avais sauvé, en arrêtant Soliman qui allait réunir ses troupes à celles de Kabba-Réga pour l'écraser.

« Ces allures, aussi aisées que franches, me donnèrent de Rionga la meilleure opinion. Il me raconta comment il avait échappé aux pièges que n'avait cessé de lui tendre Kamrasi, et m'assura de la joie qu'il éprouvait de ce que moi, qui avais refusé toujours de le molester, avant de le connaître personnellement, je voulais bien aujourd'hui lui serrer la main.

« Il déclara qu'il resterait le fidèle représentant du gouvernement du khédive; mais qu'avant tout il nous fallait *échanger du sang*, cérémonie qui seule pourrait décider la population à se soulever en sa faveur.

« Si, me dit-il, les naturels de ce pays, aussi bien que les Langgos et les Oumiros, apprennent que j'ai échangé du sang avec le pacha, ils auront absolument confiance, sachant qu'il me sera toujours fidèle, comme je le serai envers lui; sans cet irrévocable contrat, ils soupçonneront perpétuellement quelque intrigue, soit de votre côté, soit du mien. »

« Les préparatifs de la cérémonie commencèrent le soir même. Nous devions, d'abord, boire une grande quantité de cidre de banane. « Non pas un poison comme celui que vous a offert Kabba-Réga, s'écria-t-il, mais une liqueur telle qu'un ami puisse la partager avec son ami. »

« Le lendemain, nous resterions à jeun jusqu'à ce que le soleil fût arrivé à une certaine hauteur dans le ciel. A ce moment précis, Rionga viendrait me trouver; et, tandis que j'échangerais avec lui mon sang, le colonel Abd-el-Kader et le lieutenant Baker feraient le même échange avec le fils de Rionga et son ministre.

« On apporta de l'île un grand nombre de jarres d'excellent cidre de banane. Rionga ayant organisé un festival en l'honneur de notre arrivée, toute la nuit se passa en chants et en danses.

« A neuf heures du matin, Rionga se présenta et me pria de le suivre, avec le lieutenant Baker et le colonel Abd-el-Kader, dans une tente où se trouvaient déjà son fils, Kamissoua, et son ministre, Madjobi. Plusieurs indigènes de rang distingué furent admis comme témoins.

« Avec la petite lancette dont mon couteau était muni, je me pratiquai dans le bras gauche une incision légère d'où coulèrent quelques gouttes de sang. Rionga me saisit aussitôt le bras et suça avidement l'égratignure.

« C'était mon tour... hélas! Je pris soin de ne faire sur le bras du roi nègre qu'une piqûre assez insignifiante pour qu'une seule goutte de sang parût... Je m'en contentai.

« Désormais nous étions amis à la vie, à la mort; tout soupçon de trahison se trouvait mutuellement et à jamais éteint dans nos cœurs.

« Le lieutenant Baker et Abd-el-Kader accomplirent la même opération avec leurs partenaires respectifs.

« Quand nous sortîmes de la hutte, parut un barde indigène qui, s'accompagnant sur une sorte de harpe, entonna mes louanges et celles de Rionga, en même temps qu'il prodiguait l'outrage à Kabba-Réga.

« Je fis à ce ménestrel un présent considérable de perles.

« Mon premier soin, après ces cérémonies, fut de proclamer Rionga vakil du gouvernement et roi de l'Ounyoro, à la place de Kabba-Réga déposé. »

Le 23 juillet, deux grands cheiks furent amenés par Rionga : Gouah, chef d'un district langgo, et Ocoulou, guerrier célèbre de la tribu d'Oumiro.

Le corps nu d'Ocoulou était couvert de petits tatouages, chacun desquels représentait une victime de sa lance. S'il avait vraiment tué seulement la moitié de ce nombre d'hommes, ce moderne Samson devait avoir considérablement réduit la population de l'Afrique centrale.

L'idée d'une attaque générale contre Kabba-Réga, avec le fusil et la lance, flattait les goûts de ce vieux guerrier qui, à la fin de la campagne, n'ayant plus de place sur sa propre

L'ÉCHANGE DU SANG ENTRE LE ROI RIONGA ET SIR S. BAKER.

peau, aurait été obligé de prendre, pour carnet de guerre, le dos d'un de ses fils ou d'une de ses femmes.

Bientôt sir S. Baker fut en relations d'amitié avec les tribus alliées à celle de Rionga, qui était généralement aimé. Quelques mouchoirs rouges et jaunes et un ou deux kilogrammes de perles rouges et blanches lui avaient suffi pour acquérir leur bienveillance.

La nomination de Rionga comme vakil du gouvernement et roi de l'Ounyoro, en remplacement de Kabba-Réga, fut acceptée avec acclamation, tellement, en général, on éprouvait d'estime pour son caractère et d'affection pour sa personne. Durant sa vie entière, il avait bravement lutté contre les perfidies et les persécutions; le jour de la vengeance était arrivé.

Ne voulant pas envahir l'Ounyoro avant qu'on pût incendier les herbes, sir S. Baker comptait n'entrer en campagne que vers la fin de novembre.

« Je décidai donc, dit-il, qu'Abd-el-Kader resterait avec 70 hommes à l'intérieur d'une puissante palissade que je fis construire sur la berge du fleuve, à l'endroit même où nous étions campés, par 2° 6′ 17″ de latitude nord. Il avait pour mission de soutenir Rionga et d'organiser les forces indigènes. Quant à moi, avec 40 hommes armés de sniders, je me rendrais à Fatiko pour m'informer de tout ce qui s'y était passé pendant mon absence. J'y formerais un corps d'irréguliers, que j'enverrais immédiatement occuper l'Ounyoro.

« Rionga me donna 50 indigènes pour porter mes bagages jusqu'à Fatiko.

« Je partis donc le 27 juillet, laissant nos perles à Abd-el-Kader, pour qu'il pût acheter des provisions.

« Le lendemain, après avoir traversé le fleuve, nous vîmes venir à nous huit indigènes de Chouli et de Fatiko, qu'Abdoullah envoyait à ma rencontre.

« Le plaisir avec lequel j'accueillis d'abord ces messagers

se changea en anxiété quand j'entendis le rapport qu'ils me firent.

« Après mon départ de Fatiko pour Masindi, Abou-Saoud, dès qu'il eut appris la punition infligée à son vakil Soliman[1], avait juré qu'il ferait subir le même traitement au major Abdoullah.

« Il avait osé enlever 16 esclaves qui s'étaient réfugiés dans l'habitation du major.

« Il avait aussi rétabli Soliman dans sa fonction de vakil et lui avait donné le commandement de la station de Fabbo. De plus, il avait mis sous les ordres d'un scélérat bien connu, Ali-Hussein, son autre vakil Ouat-el-Mek, qui cependant avait essayé, mais vainement, de se soustraire à son influence. »

En même temps, le bruit s'était répandu, dans tout le pays, que les troupes du khédive avaient été assaillies dans l'Ounyoro par des milliers d'indigènes et entièrement détruites.

« Je devais donc me hâter, dit sir S. Baker, si je voulais sauver le major Abdoullah, nos munitions et nos approvisionnements. Je donnai aussitôt l'ordre du départ. Le seul cheval qui nous restât était blessé au dos et la vase était trop profonde pour notre âne faible et malade ; aussi ma femme fut-elle obligée de nous suivre à pied. Le mouton que nous avait donné Rionga, ayant été tué et mangé par nos porteurs, nous dûmes, pour toute nourriture, nous contenter de poisson séché. Malgré nos longues privations, notre santé était excellente ; nous avions toujours faim.

« Aussi quelle joie quand, au village de Tcharga (16 kilomètres de Fatiko), où nous arrivâmes le 1er août, les habitants nous offrirent un bœuf gras pour les troupes, un mouton pour nous-mêmes et treize grandes jarres de bière de banane !

1. Soliman fit plus tard sa soumission et servit fidèlement à Fatiko. Eddriss, qui avait été puni en même temps que lui, trahit sa parole : il mourut de la dysenterie.

Mes pauvres soldats se jetèrent sur la viande fraîche avec une furie inexprimable.

« Le 2 août, nous atteignîmes le pied du plateau où s'élevait notre station de Fatiko. En passant par les nombreux villages, les habitants se joignaient à notre petite troupe; sachant que le major Abdoullah allait être attaqué, ils étaient curieux d'assister au combat. Bientôt nous en eûmes un millier à notre suite. »

Dès qu'on fut en face de la station, les clairons sonnèrent. Tout fut aussitôt en émoi dans le camp : on vint au-devant de sir S. Baker, qui serra chaleureusement la main d'Abdoullah. Les soldats s'embrassèrent, heureux d'être réunis. La petite troupe victorieuse arrivait à temps.

On remarqua tout d'abord qu'il ne sortait personne de la station d'Abou-Saoud, située à une très petite distance du camp. Si l'ex-chef des trafiquants s'y trouvait en ce moment, comment n'envoyait-il personne pour saluer le pacha? On eut la certitude qu'il s'était retiré à la station de Fabbo, à 35 kilomètres à l'est de Fatiko : il ne se souciait pas d'engager sa personne dans une lutte armée. Il avait laissé ses ordres, avec le péril, à Ali-Hussein et à Ouet-el-Mek.

Sir S. Baker allait descendre de cheval, après avoir passé en revue les hommes du major Abdoullah, lorsque celui-ci le pria d'attendre, les gens d'Ouat-el-Mek s'approchant, avec leurs nombreux drapeaux, pour rendre au pacha les honneurs d'usage.

Sept grands étendards de soie cramoisie, fixés sur de longues hampes surmontées de fers de lance et ornées de paquets de plumes noires d'autruche, indiquaient les sept sections de cette compagnie de bandits.

Les 270 individus qui la composaient se mirent en ligne exactement en face des troupes du gouvernement, à une quarantaine de mètres de distance.

Ouat-el-Mek était habillé de jaune éclatant, avec de larges

pantalons flottants. Ali-Hussein avait une longue robe blanche et des pantalons noirs. Les officiers se distinguaient par leurs vêtements à peu près propres; quant aux hommes, ils portaient des vêtements variés, faits généralement de cuir tanné.

En fait de compliment, les chefs dirent à sir S. Baker qu'ils lui apportaient deux *grandes caisses de munitions*, formant chacune la charge d'un homme. Ces caisses, placées sous un arbre, étaient gardées par une escorte. Lady Baker qui, selon sa coutume, était venue voir ce qui se passait, pria son mari de mettre pied à terre; elle avait vu les caisses de cartouches et craignait qu'elles ne renfermassent des projectiles perfides. Cependant le pacha resta à cheval, attendant le salut que lui devaient les officiers d'Abou-Saoud.

Voyant qu'aucun ne se présentait, sir S. Baker les envoya chercher. Ils firent répondre qu'ils étaient malades.

Le lieutenant Baker s'offrit alors pour aller parler à Ouat-el-Mek. Celui-ci, pensait-il, l'écouterait plus volontiers que le major Abdoullah qui s'était trop souvent laissé insulter par les marchands d'esclaves.

Au moment où, après avoir accueilli cette généreuse proposition, le pacha donnait ses instructions aux soldats qui devaient accompagner le lieutenant Baker, son allocution fut interrompue par une volée de mousqueterie dirigée sur la masse d'uniformes écarlates des soldats.

« Nous étions attaqués, dit sir S. Baker, sans la moindre provocation !... Le feu de file continuait et les balles sifflaient à travers les huttes de paille; en quelques secondes, sept de nos hommes furent frappés.

« Ma femme, toujours prête, se précipita hors de sa cabine, avec ma carabine et mon ceinturon.

« Les ennemis se trouvaient à environ 100 mètres de distance; ils s'agenouillaient pour tirer et se retiraient derrière les huttes pour recharger, de façon à maintenir activement leur feu.

« J'aperçus un individu vêtu d'une robe blanche et d'un pantalon noir; il s'agenouillait et tirait. Je le visai avec ma carabine hollandaise; puis je continuai sans relâche à tirer sur tout homme que je voyais décemment vêtu.

« Je réunis mes « Quarante-Voleurs » et fis sonner la charge à la baïonnette.

« Bien que les chasseurs d'esclaves se fussent surexcités avec de l'arak et du mérissa, leur courage n'était pas monté au point de leur faire attendre de pied ferme une charge à la baïonnette.

« Mes « Quarante-Voleurs » furent bientôt sur eux ; et, si ces hommes ne s'étaient enfuis au plus vite, ils eussent été tous tués.

« J'aperçus Ouat-el-Mek, bien reconnaissable à son vêtement jaune.

« Comme il était seul, je crus qu'il voulait se cacher derrière des huttes et se rendre ensuite.

« A ma grande surprise, quand il me reconnut, il épaula son fusil et me visa délibérément.

« A ce moment, je rechargeais ma carabine : j'étais prêt quand il fit feu et me manqua.

« Ma balle l'atteignit à la main droite, enlevant le doigt du milieu; puis, frappant son fusil au centre de la platine, elle le coupa en deux aussi nettement que s'il avait été fendu par un coup de hache. Presque aussitôt il fut fait prisonnier. L'un des « Quarante » (Sérour) était dans une telle exaspération, qu'on eut toutes les peines du monde à l'empêcher de le clouer sur le sol avec sa baïonnette.

« J'ordonnai une charge générale, et les troupes se répandirent dans la ville de huttes de Fatiko, qui occupait une superficie d'environ 12 hectares.

« Tandis que nous parcourions la ville, je remarquai que cent cinquante ennemis environ, groupés autour de leur étendard, s'éloignaient rapidement dans la direction du mont

COMBAT CONTRE LES CHASSEURS D'ESCLAVES.

Choua. De temps en temps, ils se retournaient pour faire feu.

« La distance étant réduite à 150 mètres, les bannières de soie écarlate présentaient une excellente cible à nos tireurs. Ils visèrent un peu bas, pour toucher les porteurs: les bannières tombèrent de droite et de gauche; en quelques minutes, il n'en restait pas une debout. Les sniders vomissaient les balles, décimant ce corps compact. Après quelques efforts pour maintenir leur ordre de bataille, les négriers s'enfuirent sans respect humain.

« Je parcourus au moins 6 kilomètres à la poursuite de ces bandits, avec le lieutenant Baker et les « Quarante ». Nous en tuâmes un grand nombre. Enfin, nous revînmes au camp de Fatiko à deux heures de l'après-midi : nous avions capturé, avec la station tout entière, 306 bestiaux, 130 esclaves, 15 ânes, 43 prisonniers et 7 drapeaux. Quant à l'ennemi, il avait perdu plus de la moitié de son monde. »

Les « Quarante-Voleurs » avaient porté tout le poids de la lutte, tandis que les hommes d'Abdoullah s'étaient honteusement conduits. Au lieu de prendre part à la poursuite des chasseurs d'esclaves, ils se joignirent aux indigènes pour piller la station abandonnée. Leurs officiers avaient complètement perdu la tête. Les naturels en profitèrent pour enlever les armes et les munitions et vider le dépôt de poudre.

Grâce à lady Baker, des sentinelles se trouvaient installées sur les hautes roches, d'où la vue embrassait tous les environs. Elle avait également fait rester les bestiaux dans l'intérieur de la palissade et enfermer les prisonniers, y compris Ouat-el-Mek, dans deux grandes huttes gardées par des plantons.

Les officiers, abasourdis par cette attaque subite, avaient donné leurs ordres à tort et à travers. Tandis que l'on poursuivait l'ennemi, ils avaient fait lancer des fusées, dont deux passèrent au-dessus de la tête de sir S. Baker.

Depuis la veille au soir, ce dernier et ses hommes n'avaient pris qu'un peu d'eau puisée à un ruisseau, pendant la poursuite, à la lisière d'une forêt dans laquelle l'ennemi s'était perdu. Avec sa prévoyance ordinaire, lady Baker avait fait préparer le déjeuner, dont chacun avait besoin après une matinée aussi bien remplie : 16 kilomètres depuis Tcharga, combat avec les rebelles, 6 kilomètres de poursuite, autant pour revenir, et sur un terrain très difficile.

Les cheiks indigènes vinrent en foule féliciter sir S. Baker; ils avaient, au préalable, envoyé des messagers pour annoncer sa victoire aux principaux chefs du pays.

Ouat-el-Mek était prisonnier; presque tous les officiers avaient été tués ou blessés; mais le pacha désirait surtout connaître le sort de l'archi-bandit Ali-Hussein.

« Où est Ali-Hussein? demanda-t-il aux indigènes.

— Mort! s'écrièrent-ils en chœur.

— Vous en êtes sûrs?

— Nous allons vous rapporter sa tête; il n'est pas loin. »

Et plusieurs hommes partirent aussitôt.

On finissait à peine de déjeuner quand ils revinrent et jetèrent aux pieds de sir S. Baker une tête sanglante.

C'était bien la tête d'Ali-Hussein! On ne pouvait s'y méprendre; l'expression de scélératesse empreinte sur la face du vivant restait gravée sur celle du mort.

Les indigènes avaient dépouillé le cadavre de sa robe blanche et de ses pantalons noirs. Ali-Hussein avait été frappé de deux balles : l'une avait brisé un bras, l'autre une cuisse. Quand les indigènes le découvrirent, il respirait encore; mais ils l'avaient achevé sans pitié. N'était-il pas le fléau du pays?

CHAPITRE VII

Séjour à Fatiko. — Abou-Saoud. — Retour au Caire et en Europe.

Le 3 août, sir S. Baker ouvrit l'enquête sur l'agression dont il avait été l'objet. Ouat-el-Mek jura sur le Coran qu'en tirant sur les troupes « il n'avait fait qu'obéir aux ordres d'Abou-Saoud. Il déclara sous serment que, toujours désireux de servir le pacha, il en avait été empêché par Abou-Saoud, mais qu'il était justement puni.

« C'est la main de Dieu! dit-il. Depuis bien des années, je combats les indigènes; je possède des charmes et des talismans puissants, y compris une multitude de versets du Coran, suspendus à mes armes et qui m'ont toujours protégé. Mais le jour où j'ai osé lever le bras contre le gouvernement, mes talismans ont perdu leur puissance et j'ai laissé sur le champ de bataille mon doigt et le fusil avec lequel j'ai tiré sur toi. »

Cet homme était une curieuse personnalité; sa nature superstitieuse lui faisait croire que sa situation présente était un effet spécial de la colère divine. Très brave par tempérament, il connaissait le pays mieux que personne au monde. Sir S. Baker avait toujours désiré se l'attacher et il crut devoir en saisir l'occasion.

Ses officiers, d'ailleurs, imploraient sa grâce et le pacha la lui accorda, après s'être un peu fait prier pour la forme. Ouat-el-Mek fut conduit à un ruisseau d'eau claire, où il se savonna de la tête aux pieds, ce dont il avait grand besoin. Il se revêtit d'habits propres qu'on lui prêta pour la circonstance. Puis, posant sa main blessée sur le Coran, ouvert à un passage particulier, il récita, avec une grande dévotion, la formule du serment de fidélité.

« Depuis ce jour, dit sir S. Baker, je n'ai jamais eu à me plaindre de Ouat-el-Mek. »

Abou-Saoud se trouvait à Fabbo avec 600 hommes. Pour attaquer cette station, le pacha n'avait à sa disposition que 80 hommes, devant en laisser au moins 66 à Fatiko. Les indigènes lui auraient bien fourni une armée d'auxiliaires; mais s'il prenait Fabbo, il ne réussirait qu'à armer à l'européenne ses ennemis de l'avenir. Diplomatiquement, il se résolut à maintenir les chasseurs d'esclaves comme une menace suspendue sur la tête des indigènes, jusqu'à ce qu'il eût connu les véritables intentions de ces derniers.

Le 5 août, il écrivit à Abou-Saoud pour lui ordonner de se présenter devant lui. Cette lettre fut portée par le forgeron de l'expédition et neuf indigènes. Tous revinrent le lendemain; ils avaient été reçus à coups de fusil.

« C'est avec intention, dit sir S. Baker, que je relate soigneusement les démarches que j'ai faites auprès d'Abou-Saoud pendant toute la durée de mon expédition. En Égypte et dans le Soudan, mon nom est exécré comme celui d'un chrétien ayant répandu le sang des musulmans; et cependant, bien des témoins l'attesteraient au besoin, je n'ai jamais manqué de patience, ni même de longanimité; quand j'ai employé la force, je n'ai fait que répondre à des attaques que je n'avais pas p ovoquées. »

Abou-Saoud se présenta, le 7 avril, avec 40 hommes. Il ne voulut pénétrer dans le campement qu'après avoir reçu, par écrit, l'assurance qu'il ne serait pas retenu prisonnier.

Comme toujours, il nia ses méfaits, il affirma par serment qu'il n'avait pas donné l'ordre de tirer sur les troupes du gouvernement, et qu'Ouat-el-Mek était le seul coupable; puis il ajouta audacieusement « qu'il ne s'occupait point de traite, mais qu'il lui était impossible d'empêcher ses gens d'enlever des esclaves ».

« Jamais, dit sir S. Baker, je n'ai entendu être humain proférer autant de faussetés. Son imperturbable assurance ne se démentit pas un instant. Quand il termina son discours en affirmant « qu'il était la victime innocente de malheurs immérités et que tout le monde se tournait contre lui », je restai véritablement abasourdi. Il m'assura qu'il m'était tout dévoué; que désormais il agirait énergiquement comme mon vakil; il me supplia de n'ajouter foi qu'à ce qu'il me dirait *lui-même* et jura par les yeux et la tête du Prophète (son serment favori quand il proférait les plus gros mensonges) que je n'avais pas de plus fidèle ami que lui et que j'en jugerais par ses actes.

« C'est la dernière fois que je vis Abou-Saoud. Dès son retour à Fabbo, il fit couper la gorge au cheik Ouerdella que j'avais confié à sa garde, et, avec 200 hommes, il alla rejoindre à Gondokoro son ami Raouf-Bey, qui en mon absence commandait le quartier général. De là il gagna Khartoum et ensuite le Caire, pour y répandre la fausse nouvelle du massacre de lady Baker et de moi-même, et surtout pour s'y plaindre au khédive de la façon dont je l'avais traité.

« Ainsi, le plus puissant des négriers du Nil Blanc, si intimement lié avec l'administration du Soudan qu'il avait pu affermer un pays N'APPARTENANT PAS A L'ÉGYPTE, demandait au gouvernement, *qui m'avait envoyé pour supprimer la traite*, de le protéger contre mon intervention; et je n'étais intervenu qu'en raison des meurtres, des rapts, des pillages, accompagnements habituels des chasses aux esclaves dans l'Afrique centrale.

« L'audace de ce négrier, si connu comme tel, son appel aux autorités égyptiennes, suffisent pour prouver quelle confiance avaient les chasseurs d'esclaves dans l'appui moral de certains personnages officiels représentant l'opinion publique dans ses préventions contre le but principal de notre expédition.

« Dès le principe, cet homme avait tout mis en œuvre pour la faire avorter. Fraternisant avec les Baris, quand ceux-ci étaient en guerre ouverte avec le gouvernement, il avait poussé les tribus à m'attaquer; sur son ordre, ses propres compagnies avaient ouvert le feu contre les troupes du khédive, et *maintenant il demandait la protection du gouvernement égyptien*[1]. »

Après le départ d'Abou-Saoud, les chasseurs d'esclaves vinrent en grand nombre s'enrôler sous la bannière du gouvernement. Sir S. Baker en choisit 66, qu'il plaça sous les ordres d'Ali-Genninar, un excellent garçon qu'il avait engagé à Masindi, et il les envoya remplacer dans l'Ounyoro, auprès de Rionga, Abd-el-Kader et ses troupes qu'il rappelait à Fatiko.

Des chasseurs d'esclaves, au nombre d'une centaine, étaient restés dans le pays, sous le commandement d'un bandit nommé Salim. Chaque jour ces misérables, sortant de leur repaire, parcouraient les environs, pillant, incendiant, enlevant les femmes dont ils coupaient la gorge, afin, disaient-ils, d'empêcher désormais leur affranchissement.

Il fallait en finir. D'après l'ordre du pacha, Ouat-el-Mek se rendit à Fabbo et fit de telles menaces à Salim, que ce dernier, consterné, enfonça la poudrière, s'empara de 1500 cartouches et, le drapeau de la station en tête, suivi de ses hommes et de ses esclaves portant les bagages, il s'éloigna dans la direction de Latouka, village situé à neuf jours de marche.

Sir S. Baker avait atteint son but sans effusion de sang. Il enrégimenta alors le reste des chasseurs d'esclaves, ce qui

1. Ceci est une page d'histoire contemporaine. Aussi n'avons-nous pas voulu en retrancher une ligne.

porta l'effectif des irréguliers à 312 officiers et soldats, placés sous les ordres de Ouat-el-Mek.

Les efforts de sir S. Baker étaient couronnés de succès. La traite était abolie sur une immense étendue du territoire; la confiance la plus absolue régnait dans le vaste pays des Choulis; la tribu des Liras avait fait sa soumission; partout se trouvaient établies les plus amicales relations.

On était en communication régulière avec Rionga. Les nouvelles venues de l'Ounyoro étaient graves.

Ali-Genninar, l'envoyé de sir S. Baker, avait attaqué Kabba-Réga avec les forces combinées de Rionga et des Langga, et l'avait complètement défait. Les Ounyoriens, abandonnant leur roi, accouraient en foule auprès du parti vainqueur. Kabba-Réga s'était enfui ; on le croyait caché dans les environs de Tchibéro, sur les bords du lac Albert.

Mtésé, roi de l'Ouganda, avait envahi l'Ounyoro du côté du sud, et, ayant appris la trahison de Kabba-Réga contre sir S. Baker, il mettait à sa disposition 6000 hommes, sous le commandement de son général Congo.

Cette proposition amicale était le résultat de la conduite diplomatique du pacha. En adressant à Mtésé des présents considérables, il lui avait écrit de se méfier de Kabba-Réga qui, pour monopoliser le commerce dans l'Ounyoro, voulait empêcher les marchandises venant du nord de pénétrer dans l'Ouganda. La conduite ultérieure de Kabba-Réga avait justifié cette accusation; la colère et le désappointement de Mtésé ne connurent plus de bornes quand il apprit que sir S. Baker avait été forcé de brûler les marchandises qui, autrement, auraient pris le chemin de l'Ouganda.

Sir S. Baker jugea nécessaire d'établir un impôt sur le blé pour nourrir les troupes. Il fit annoncer partout que chaque maison ou famille aurait à donner en tribut un petit panier de blé à chaque retour de la nouvelle lune. Les chefs du village furent déclarés responsables du payement de cette taxe qui, depuis, fut toujours acquittée régulièrement, comme prix de la protection que le gouvernement assurait aux indigènes.

On avait commencé, le 28 août, à construire un fort à Fatiko : il ne fut achevé que le 25 décembre. La difficulté et la lenteur de ce travail de quatre mois avaient eu pour cause l'extrême dureté du sous-sol, aussi résistant que du béton.

« Ces travaux terminés, dit sir S. Baker, je n'avais plus rien à faire jusqu'à la venue du renfort que j'attendais de Gondokoro, où devait être arrivée la flotte partie de Khartoum, le 23 decembre 1871.

« J'envoyai au camp d'Ismaïlia Ouat-el-Mek, avec une lettre dans laquelle j'ordonnai à Raouf-Bey de m'envoyer 200 hommes et des bestiaux.

« En attendant l'arrivée de Raouf-Bey, je me joignis aux indigènes comme chasseur ; c'était en cette qualité que j'avais gagné leurs sympathies autrefois.

« Dans le pays des Choulis, la chasse est une profession soumise à des règlements parfaitement organisés.

« Elle a généralement lieu au filet. Chaque individu est pourvu d'un filet de corde solide, de 12 mètres de longueur sur 3 mètres et demi de largeur maxima, avec des mailles de 6 pouces carrés.

« Le gros tambour convoque la population au village du cheik. Quelques heures après, les indigènes y sont réunis.

« Dans l'assemblée générale à laquelle je pris part, il fut décidé, après de longs débats, que la chasse aurait lieu sur les terrains de certaines personnes dont les propriétés étaient contiguës. Le jour ayant été fixé, les chefs se retirèrent chacun chez soi, pour faire les préparatifs nécessaires.

« Quand un cheik est hospitalier, il donne, avant la chasse, une grande fête. Alors des divers villages arrivent par centaines les indigènes, vêtus de leurs costumes des grands jours : plumes d'autruche, manteaux de peau de léopard, visages peints de couleurs éclatantes délayées dans de la bouse de vache fraîche. A cette occasion, on absorbe des quantités considérables de bière de banane et on sacrifie un ou deux bœufs, selon la fortune de l'amphitryon.

« Les sorciers y figurent au premier rang, les cérémonies magiques étant d'une importance capitale, non seulement pour garantir les chasseurs de tout accident, mais encore pour amener les fauves dans les filets.

« Le jour de chasse arrivé, plusieurs milliers d'indigènes, hommes, femmes et enfants, se réunirent au rendez-vous indiqué, à 14 kilomètres de Fatiko. Je partis aussitôt avec le lieutenant Baker, le colonel Abd-el-Kader, quelques hommes des « Quarante » et Gimoro et Chouli, chasseurs renommés. Les hommes portaient des filets et des lances, les garçons des lances plus légères et les tout petits enfants des javelines presque microscopiques, toutes aiguisées avec soin.

« Après avoir traversé l'Oun-y-Amé, nous abordâmes les terrains de chasse et nous nous mîmes immédiatement à l'œuvre, les indigènes avec leurs filets et leurs lances, nous avec nos carabines.

« Les herbes furent allumées et la chasse commença. Effrayés par le feu, les fauves filaient devant nous avec une rapidité vertigineuse — rhinocéros, lions, buffles et surtout antilopes, dont il fut fait un véritable massacre. — Quant à moi, je tuai une lionne mesurant $2^m,90$ du museau à l'extrémité de la queue. En ouvrant cette bête, on trouva dans son estomac des quartiers d'antilope non encore digérés.

« Cette heureuse expédition avait rempli de joie les naturels; mais le récit de notre chasse à la lionne émut les femmes du village de notre ami Gimoro.

« Le lendemain, ce dernier et Chouli se présentèrent à mon divan public, la tête basse et l'œil confus.

« Ils me dirent que les femmes avaient décidé que, le pacha pouvant être tué par un lion ou un buffle, il ne devait plus

LES HERBES FURENT ALLUMÉES ET LA CHASSE COMMENÇA.

lui être permis de chasser. — « Que deviendrions-nous, avaient-elles ajouté, si un accident arrivait à notre père? Les chasseurs d'esclaves ne reviendraient-ils pas dans notre pays? Nous dormons en paix maintenant; avant l'arrivée du pacha, nos yeux ne se fermaient jamais. »

« Il fut décidé que je devais être gardé dans le camp, comme kodjour ou talisman, et ne pas être exposé par les indigènes aux attaques des bêtes féroces. »

Les indigènes de ces contrées ne croient à rien; et pourtant, sans le moindre principe de culte, sans même le moindre instinct religieux, ils sont exempts de la plupart des vices qui déshonorent les nations civilisées.

La chasse lui étant interdite, sir S. Baker, pour utiliser ses loisirs, essaya de démontrer aux plus intelligents des indigènes l'existence d'un Dieu qui récompense et qui punit. Il n'osa pas aller au delà, de peur d'avoir à répondre à des questions dont la solution n'eût pas été en rapport avec l'intelligence de ceux qui les auraient adressées [1].

Le 15 janvier 1873, une troupe nombreuse, venant de la direction de l'Ounyoro, se présente devant le campement de

1. Et qui eussent bien embarrassé le catéchiste, lequel n'était pas versé dans la dialectique, si l'on en juge par le fait suivant, raconté par lui-même.

Lors de son premier voyage dans l'Afrique centrale, en 1863, se trouvant dans le pays de Latouka, il chercha à faire comprendre à l'un des chefs, nommé Comorro, l'immortalité de l'âme.

« Ayant fait, dit-il, avec mon doigt un petit trou dans le sol, j'y déposai une graine. « Ceci vous représente quand vous serez mort. » Puis, après avoir repoussé la terre dans le trou, je continuai : « Cette graine pourrira, mais il en surgira une plante reproduisant exactement la forme originelle. — Juste! répliqua Comorro. Cela, je le comprends. Mais la graine originelle ne surgit pas de nouveau; elle pourrit, comme pourrit l'homme mort, et il n'en est plus question. Le fruit produit n'est pas la graine même que vous avez enterrée, mais le produit de cette graine. Ainsi en est-il de l'homme. Je meurs, je pourris et tout est fini de moi; mais mes enfants poussent comme le fruit de la graine. Certains hommes n'ont pas d'enfants et certaines plantes ne produisent pas de fruit; tous sont donc irrévocablement détruits. »

C'était un homme intelligent que ce chef nègre. Sir S. Baker ne dit pas comment il combattit l'argument.

RENCONTRE D'UNE LIONNE (PAGE 162).

Fatiko. C'était une ambassade envoyée par Mtésé, roi de l'Ouganda.

Les ambassadeurs, très coquettement vêtus de coton blanc, étaient tout à fait civilisés et aussi intelligents que des Européens. Ils semblaient posséder une connaissance parfaite de la route des Indes et des diverses tribus de la côte orientale de l'Afrique équatoriale.

Le roi Mtésé avait lui-même écrit à sir S. Baker une lettre renfermant des témoignages d'amitié ; il lui disait qu'au premier bruit de la trahison de Kabba-Réga, il avait mis à sa disposition une armée commandée par le général Congo.

Cette armée était actuellement cantonnée à Machoudi (à deux jours de marche de l'île de Rionga), attendant les ordres du pacha. Mtésé le priait de venir dans l'Ouganda aussi promptement que possible ; « il éprouvait le plus vif désir de voir sa face et ne désirait pas de présents. »

Ce parangon des despotes africains, sir S. Baker ne pouvait l'aller visiter, son temps de service expirant le 1er avril.

Cette impossibilité lui causa un profond désappointement, Mtésé étant, de tous les rois de l'Afrique centrale, celui qui pouvait être le plus utile à son pays. Grâce à ses bons sentiments, la route était ouverte entre Fatiko et Zanzibar.

Les ambassadeurs restèrent à Fatiko jusqu'au 13 février. Sir S. Baker leur remit une lettre dans laquelle il remerciait Mtésé de l'assistance qu'il lui offrait ; il le priait de rappeler son armée de l'Ounyoro, les troupes du gouvernement, malgré leur petit nombre, étant assez fortes pour maintenir Kabba-Réga, surtout après la défaite qu'il avait essuyée.

Il envoya au général Congo un sabre et à Mtésé divers objets, en échange d'un échantillon de peaux aussi bien préparées que si un gantier français y eût mis la main.

Cependant le temps s'écoulait et sir S. Baker n'avait pas de nouvelles du détachement envoyé à Raouf-Bey.

« Enfin, dit sir S. Baker, le 8 mars, au bout de quatre-vingt-dix jours, les renforts que Ouat-el-Mek était allé chercher à Gondokoro arrivèrent, avec le lieutenant-colonel Tayib-Agha, mais sans une seule tête de bétail.

« Tayib-Agha avait montré peu d'habileté et de prudence pendant ce voyage. Sous prétexte que quelques porteurs s'étaient enfuis, il avait incendié des villages baris dans le pays de Mougi; cet acte violent avait eu pour conséquence une attaque dans laquelle il avait perdu 28 hommes. Les indigènes avaient capturé les bestiaux.

« Quoiqu'il eût avec lui 280 hommes, Tayib-Agha n'avait tenté de reprendre ni les corps de ses morts, ni les bestiaux. Le jugeant incapable d'un commandement, je le renvoyai à Gondokoro et je laissai le major Abdoullah à Fatiko.

« Ouat-el-Mek avait été obligé d'attendre les troupes de renfort, qui avaient mis treize mois à se rendre de Khartoum à Gondokoro. »

Sir S. Baker se trouvait maintenant à la tête de 620 hommes, ce qui lui permit de renforcer Rionga et ses diverses stations.

Rionga et Ali-Genninar étaient maîtres de l'Ounyoro, qui se prolonge au sud de l'équateur et sur les rives du lac Albert, où Kabba-Réga, dont on avait perdu la trace, s'était probablement réfugié.

Le 20 mars, sir S. Baker était prêt à retourner à Gondokoro. Avant de partir, il laissa au major Abdoullah des instructions écrites, pour l'entretien de la station de Fatiko, avec défense absolue *d'acheter ou de prendre des esclaves*.

L'inqualifiable couardise de Tayib-Agha et les défaites qui en avaient été la conséquence permettaient au pacha de redouter une attaque. Mais les indigènes le connaissaient; non seulement ils ne l'inquiétèrent pas, mais encore ils lui renvoyèrent six bœufs égarés par Tayib-Agha pendant sa malheureuse marche.

« J'avais pris sous ma protection spéciale, dit sir S. Baker, un certain nombre de femmes et de filles baris que Ouat-el-Mek et Tayib-Agha avaient employées à porter leurs bagages de Gondokoro à Fatiko. En arrivant au lit desséché d'un large courant d'eau, à environ deux jours de marche de Gondokoro, nous nous arrêtâmes pour déjeuner. A ce moment, ces femmes s'approchèrent et nous dirent en hésitant que c'était leur pays et que leurs villages se trouvaient dans les environs.

« Allez, bonnes femmes, leur répondis-je, et, quand vous rentrerez dans vos demeures, dites que vous avez été capturées malgré moi et que je suis bien heureux de vous rendre la liberté. »

« Pendant quelques instants, elles eurent l'air confus et parurent douter de l'heureuse vérité. Quand elles en furent convaincues, avant que j'eusse le temps de me reconnaître, elles se précipitèrent vers moi, et je me trouvai entre les bras d'une beauté toute nue qui, me serrant à me suffoquer, me promena, fort désagréablement pour moi, sa langue sur les deux yeux.

« Heureusement, je fus secouru par les sentinelles et par mes domestiques, qui réussirent enfin, mais avec beaucoup de mal, à me dégager de cette foule féminine par trop reconnaissante. Alors, mais seulement alors, je pus faire comprendre à ces pauvres créatures qu'elles étaient libres ; après avoir reçu toutes un magnifique présent de perles, elles rejoignirent leurs huttes en chantant et dansant.

« Nous arrivâmes à Gondokoro le 1er avril 1873, sans avoir été aucunement inquiétés sur notre route. C'était le jour où expirait mon temps de service, conformément à mon traité avec le khédive.

« Mes troupes avaient fait halte à un kilomètre de Gondokoro et changeaient de vêtements, lorsque à l'aide du télescope je vis s'approcher quelques-uns des Anglais.

« Où est M. Higginbotham? » leur demandai-je aussitôt qu'ils furent près de moi.

LE CAMP DE GONDOKORO.

« Tous les yeux se baissèrent. Après une pause, on me répondit :

« Il est mort le dernier jour de février! »

« Cette nouvelle me consterna.

« Pauvre Higginbotham! mon bras droit pendant la première partie de mon expédition[1]. Un véritable Anglais, tout énergie, tout courage, tout persévérance! Et il n'était plus!

« Nous entrâmes à Gondokoro. Quel changement dans le court espace de quatorze mois! Quand je la quittai, la station, complètement déblayée, était défendue par un fossé et un talus. Maintenant elle ne présentait plus qu'un horrible amas d'ordures : os à demi rongés, loques, détritus sans forme et sans nom! Le fossé s'était ensablé et les terrassements avaient été entraînés par les grandes pluies.

« Les canons saluèrent notre arrivée. Raouf-Bey et ses troupes me parurent en excellente santé.

« Sur le fleuve flottait un magnifique steamer neuf, en fer, de 108 tonnes, à deux hélices jumelles. C'était l'œuvre de mes compatriotes, qui avaient pris à cœur de montrer ce que pouvaient faire des constructeurs anglais. J'examinai ce bâtiment; il était admirablement construit et l'absence d'aubes lui permettait de glisser comme un poisson dans les étroits canaux du Bahr el-Girafe. »

Si la station était sale et négligée, Raouf-Bey avait donné le plus grand soin aux jardins des îles, qui chaque jour fournissaient aux troupes des rations de légumes frais.

Il avait aussi montré quelque détermination et accepté une responsabilité sérieuse, en faisant fusiller, pendant l'absence du pacha, un soldat pour désertion.

Les renforts récemment arrivés de Khartoum se compo-

1. On se rappelle que M. Edwin Higginbotham, ingénieur civil, fut investi du commandement du transport par le désert, de Korosko à Khartoum. C'est à lui que sir S. Baker confia les steamers démontés et les machines, et il mit sous ses ordres les ingénieurs et mécaniciens anglais.

saient uniquement d'esclaves vendus au gouvernement et rapidement organisés en troupes. Ces individus étaient, pour la plupart, originaires du Nil Blanc; aussi devaient-ils être disposés à s'enfuir à la première occasion.

Déjà beaucoup avaient déserté avec armes et bagages, ainsi qu'avec les fusils et carabines de Raouf-Bey, volés dans le domicile de ce dernier, et s'étaient retirés à Bélinian. Raouf-Bey avait réclamé les déserteurs. Pour toute réponse, les indigènes avaient fait, nuitamment, des démonstrations hostiles sur la station de Gondokoro. En représailles, Raouf-Bey avait envahi Bélinian et livré une bataille rangée dans laquelle les déserteurs avaient tiré sur les troupes. Deux d'entre eux furent tués. Dans cette affaire, les troupes du gouvernement avaient subi des pertes considérables, les Baris ne manquant ni de fusils ni de munitions.

Sir S. Baker envoya immédiatement chercher Alloron, devenu un des plus fidèles cheiks du gouvernement. Il avoua ses fautes et, naturellement, rejeta tout le blâme sur Abou-Saoud, qui, dit-il, l'avait poussé à se soulever contre le gouvernement. Ne se souciant pas d'écouter des explications à la sincérité desquelles il ne pouvait croire, sir S. Baker ordonna à Alloron de se rendre sur-le-champ à Bélinian et d'informer les indigènes que, s'ils ne livraient pas les déserteurs, il leur rendrait visite avec « les chemises rouges » revenues avec lui de Fatiko. En même temps, il promit au cheik trois bœufs s'il réussissait dans sa mission.

Quelques jours après, Alloron revint avec les déserteurs, qui, jugés par une cour martiale et reconnus coupables, furent fusillés en présence du régiment.

Cet acte de vigueur rétablit immédiatement l'ordre et la discipline parmi les troupes. Quant aux Baris de Bélinian, ils ne jugèrent plus à propos de visiter le camp pendant la nuit.

Le 10 avril, sir S. Baker fit entreprendre la construction d'un nouveau fort avec fossé et terrassement autour des magasins. Pendant l'exécution de ces travaux, on dressait l'inventaire de tout ce qui restait en magasin. Les Anglais, après avoir soigneusement empaqueté toutes les pièces du steamer n° 3 et les machines, les enfermèrent dans un hangar spécial, dont la garde fut confiée, contre reçu, à un officier.

Avant de regagner la patrie, sir S. Baker voulut donner à son pauvre Higginbotham un dernier gage d'amitié et de souvenir. On l'avait enterré dans son jardin, près de l'emplacement où reposaient les corps des missionnaires autrichiens. Il éleva sur sa tombe un monument en briques rouges revêtues de poix.

Sir S. Baker partit, le 26 avril, après avoir pris congé de ses braves « Quarante-Voleurs », qui, pour la plus grande partie, témoignèrent une véritable douleur de cette séparation. Lorsque, en faisant ses adieux officiels, il parcourut le front des troupes, ses vieux soldats, sans égard pour la discipline, s'écrièrent : « Que Dieu te donne de longs jours ! Puisses-tu trouver toute ta famille en bonne santé[1] ! »

Puis, à la remorque du nouveau steamer, le *Khédive*, on descendit rapidement le cours du fleuve.

« En octobre 1871 (c'est-à-dire depuis près de deux ans), dit sir S. Baker, j'avais adressé au khédive et à son ministre de très importantes dépêches ; mais, à mon profond étonnement, je n'avais *pas reçu un mot de réponse* par le courrier arrivé d'Égypte, et cependant je recevais régulièrement mes

1. Gondokoro ou Ismaïlia n'existe plus. Le bras principal du fleuve (le Bahr el-Ghébel), qui coulait au bas de la rive à pic sur laquelle s'élevait la station, a peu à peu abandonné son lit, se portant vers l'ouest, de sorte que la rive orientale n'est plus baignée que par un petit bras dont les eaux deviennent stagnantes et encombrées de végétations. A l'époque des basses eaux, la décomposition de cette masse végétale donne lieu à des miasmes délétères qui ont rendu Gondokoro inhabitable. Aussi, Gordon-Pacha, le successeur de sir S. Baker, a-t-il établi sa résidence un peu au nord-ouest, à Lado. Par suite, cette localité, située à 3 ou 4 mètres au-dessus du niveau du Nil et à 580 mètres au-dessus du niveau de la mer, a remplacé Gondokoro comme centre administratif et commercial du haut Soudan.

LE STEAMER « KHÉDIVE ».

lettres d'Angleterre. On me considérait sans doute comme un homme mort auquel il est parfaitement inutile d'écrire.

« Le 7 juin, trois voiles furent signalées à l'horizon. Poussés par la curiosité, nous forçâmes de vapeur; malheureusement notre route se trouva interceptée par un banc de végétaux qu'il fallut couper, ce qui nous demanda une heure et retarda la chasse d'autant.

« Dans la soirée, nous arrivâmes aux « Trois-Dubbas », où nous nous arrêtâmes pour la nuit. Une voix de femme s'éleva suppliante du milieu des hautes herbes. J'envoyai aussitôt un canot, avec une domestique indigène comprenant l'idiome du pays.

« Cette femme avait la petite vérole. Le vakil des bâtiments que nous avions aperçus l'avait jetée dans les herbes et abandonnée. Elle nous dit que ces embarcations regorgeaient d'esclaves.

« Je donnai à la pauvre créature des aliments pour six jours, une marmite et du combustible; mais n'osant introduire à mon bord une maladie aussi terrible que la petite vérole, je me crus obligé d'abandonner la malheureuse à son triste destin. Je savais d'ailleurs que, les pêcheurs indigènes visitant toujours la Dubba à cette époque de l'année, elle serait, sans aucun doute, trouvée dans un jour ou deux. »

Le 8 juin, on se dirigea vers les trois navires dont les mâts élevés et les vergues se profilaient sur l'horizon; mais les complications de l'étroit canal étaient telles, que le soleil se couchait quand on atteignit les négriers.

On mouilla, pour la nuit, dans un lac, et sir S. Baker envoya dire au vakil de la compagnie de se rendre sur-le-champ auprès de lui.

Le canot revint bientôt, ramenant une ancienne connaissance, Ouat-Hodjoly, vakil de la station de Bohr, appartenant à Abou-Saoud.

« Cet homme, d'un esprit franc et ouvert, m'avait toujours

plu, écrit sir S. Baker. Il me dit, sans réticence aucune, que, pendant mon voyage au sud, plusieurs cargaisons d'esclaves avaient doublé la station de Fachoda, en trompant le gouverneur, et qu'il n'aurait éprouvé aucune difficulté à en faire autant, si je ne l'avais pas rencontré au passage. Il reconnut avoir à bord 700 esclaves, que, selon l'ordre de son patron Abou-Saoud, il transportait à destination, c'est-à-dire à quelques jours de marche de Khartoum, sur le Nil Blanc; de là ils devaient être dirigés par terre, soit à l'ouest par le Kordofan, soit à l'est par le Sennaar[1], d'où ils arriveraient sans encombre à la mer Rouge ou à tout autre marché.

« Mon désappointement était aussi cruel que mon dégoût étiat profond. Après tout le mal que je m'étais donné pour abolir la traite, j'avais une preuve nouvelle et irrécusable qu'Abou-Saoud, le grand trafiquant d'esclaves du Nil Blanc, était soutenu, en secret, par de hauts fonctionnaires sur la protection desquels il avait droit de compter.

« C'était là probablement le dernier acte du drame; le traître de la pièce réussissait enfin à narguer la justice. Ses navires voyageaient triomphalement, au mépris flagrant de mon autorité; le drapeau égyptien couvrait des cargaisons d'êtres humains décimés par la maladie!

« Je demandai à ce candide agent s'il avait bien réellement la certitude de doubler facilement la station.

« Certainement, répliqua-t-il; un petit bateau éclairera la route; il n'y a rien à craindre. »

« Il m'apprit ensuite qu'Abou-Saoud s'était rendu au Caire pour se plaindre auprès du gouvernement du khédive de ce que je ruinais son COMMERCE.

« Cette découverte fournissait un dénouement imprévu à la

1. Le Kordofan, sur la rive gauche du Nil Blanc, et le Sennaar, entre l'Abyssinie et le Nil Blanc, étaient jadis de puissants royaumes indépendants. Ils ont été conquis (1820-1822) par Ismaïl-Pacha, fils de Méhémet-Ali, et annexés à l'Égypte.

pièce dont la moralité se dégageait avant la chute du rideau. Le chasseur d'esclaves par excellence du Nil Blanc, qui avait affermé au gouvernement, au prix de quelques milliers de livres sterling par année, le droit de TRAFIQUER dans des contrées *n'appartenant pas* à l'Égypte, protestait actuellement contre mon intervention dans son *commerce*, innocente opération, représentée par *trois navires portant* 700 *esclaves, qui devaient passer impunément devant Fachoda, une station du gouvernement.*

« Je dis à Ouat-Hodjoly qu'il ne réussirait pas cette fois-ci, mais que néanmoins je ne l'arrêterais pas.

« N'ayant reçu du khédive aucune réponse à mes lettres, j'étais décidé à ne pas user de la force brutale, tout en empêchant les navires de passer inaperçus devant Fachoda.

« Le lendemain matin, nous poursuivîmes notre route, accompagnés par les abominables odeurs qui s'échappaient des navires à esclaves où régnait la petite vérole. »

Le 30 juin, sir S. Baker arrivait à Fachoda et le gouverneur vint à bord le recevoir.

Cet officier, Circassien très intelligent, tout récemment nommé à ce poste, avec rang de lieutenant-colonel, parut disposé à aider énergiquement le pacha. Il l'assura que des cargaisons d'esclaves ne passeraient plus impunément devant Fachoda, maintenant qu'il représentait le gouvernement.

« Le khédive, dit-il, a donné, depuis six mois, les ordres les plus formels contre le trafic des esclaves ; ces ordres seront exécutés. »

Tout en ajoutant foi aux bonnes intentions de Yousef-Effendi — c'était le nom du nouveau gouverneur, — sir S. Baker doutait fortement qu'il pût les manifester pratiquement. Ne savait-il pas que, sous le règne de feu Saïd-Pacha, la traite avait été pareillement abolie par une proclamation dont l'effet fut absolument nul?

Toutefois, et pour faire jusqu'au bout son devoir, il dit à

Yousef-Effendi qu'il le rendait responsable de la capture des trois navires d'Abou-Saoud, renfermant 700 esclaves, et qu'il agirait sagement en faisant venir les navires à Fachoda avant qu'on essayât de les emmener ; qu'autrement, cette audacieuse infraction à la loi le compromettrait lui-même en permettant de suspecter sa complicité.

Cette observation parut toucher profondément le gouverneur, qui promit d'agir en conséquence.

Le 28, on arriva au grand arbre qui s'élève sur la coupée conduisant au Nil Blanc. Sir S. Baker s'arrêta à cet endroit et envoya à Ismaïl-Yagoub-Pacha, le nouveau gouverneur de Khartoum, l'ordre de télégraphier au Caire l'invitation d'arrêter immédiatement Abou-Saoud.

« Dans l'après-midi, dit sir S. Baker, je vis un steamer doublant le cap au point de jonction du Nil Blanc et du Nil Bleu. Il marchait à toute vapeur. Au bout d'une demi-heure, je serrais la main, à bord de mon dahabièh, à mon vieil ami Ismaïl-Yagoub-Pacha.

« Il ne m'apportait aucune réponse du khédive ou de Shérif-Pacha aux importantes communications que je leur avais transmises plus de deux ans auparavant.

« Ma liaison avec Yagoub Pacha remontait à huit années. Lors de ma première expédition aux sources du Nil, je l'avais connu sous le nom d'Ismaïl-Bey, président du conseil à Khartoum. Il venait d'être promu gouverneur. Je regrette qu'il n'ait pas occupé cet emploi dès le début de mon expédition, car j'aurais trouvé le plus puissant appui dans son énergie et son intelligence.

« Ismaïl-Yagoub avait commencé la réforme du Soudan, en luttant contre le système de friponnerie et de corruption qui ruinait le pays. Il avait également entrepris, sur l'ordre du Khédive, l'œuvre capitale de la destruction des obstacles à la navigation du Nil Blanc. Ces ordres étaient la conséquence de lettres écrites par moi au khédive et au ministre de l'intérieur, Shérif-Pacha, en 1870, lettre où je recommandais instamment d'entreprendre au plus vite ces travaux, afin de rendre au fleuve ses conditions normales de navigation.

« Pouvant disposer de beaucoup de bras, Ismaïl-Yagoub avait, d'après son calcul, déblayé déjà la moitié de l'immense obstruction végétale qui m'avait coûté tant de temps et tant de peines.

« La rupture soudaine d'une partie de cette obstruction avait occasionné un curieux phénomène. Des amas prodigieux de végétaux, entraînés par le courant, avaient porté contre six bâtiments, qui avaient été littéralement broyés, puis engloutis. »

Le lendemain, toujours remorqué par le *Khédive*, le dahabièh atteignit Khartoum. Toute la population s'était portée sur la rive ou sur le quai neuf, pour assister à l'arrivée de ce nouveau bateau marchant sans aubes. Des troupes étaient en ligne, et quand le *Khédive* accosta le long du quai, Ismaïl-Yagoub-Pacha reçut sir S. Baker avec les formalités d'usage.

Quelques jours après, un steamer arriva de Fachoda, remorquant les trois navires d'Abou-Saoud avec 600 esclaves à bord; 100 étaient morts de la petite vérole depuis le départ de sir S. Baker du Bahr el-Girafe. L'épidémie y régnant encore, ils furent mis en quarantaine sur la rive septentrionale du Nil Blanc.

Tandis que la garde passait avec les prisonniers, sir S. Baker reconnut parmi ces derniers son ami Ouat-Hodjöly chargé de fers. Le malheureux avait trouvé à Fachoda un nouveau gouverneur au lieu d'une ancienne connaissance; il n'avait pas franchi la station. C'était ce qu'avait prévu le pacha.

Immédiatement derrière lui, également enchaîné et, de plus, les poings serrés dans un bloc de bois, marchait le parangon des bandits, Salim, enfin hors d'état de nuire.

Ce sinistre brigand, plus tard jugé par le tribunal public

des medjildis, fut convaincu, par d'écrasants témoignages : 1° d'avoir, le premier, menacé d'attaquer le major Abdoullah, dans le camp du gouverneur, à Fatiko ; 2° d'avoir ordonné le feu et d'avoir fait feu lui-même, le 2 août 1872, jour où l'expédition fut traîtreusement attaquée par les gens d'Abou-Saoud.

Sir S. Baker plaida avec succès la cause de Ouat-Hodjoly qui s'était toujours bien conduit envers lui et qui, en somme, n'avait fait qu'exécuter les ordres de son maître Abou-Saoud.

Pour Salim, il laissa la justice suivre son cours.

Ismaïl-Yagoub avait grandement amélioré Khartoum. On lui devait l'achèvement de l'hôtel du gouvernement ; par ses soins, des terrains naguère incultes avaient été transformés en un jardin public où la musique militaire se faisait entendre tous les soirs. Les travaux d'irrigation à la vapeur étaient aussi commencés sur la rive septentrionale du Nil pour la culture du coton.

Après avoir passé quelques jours à Khartoum, sir S. Baker partit pour le Caire en bateau à vapeur.

Il laissa à Ismaïl-Pacha ses deux petits garçons, Sâat et Bellaal, pour qu'il les fît élever soit comme musiciens, soit comme soldats, cette dernière profession étant celle qui leur agréait le plus. On avait fondé à Khartoum une école pour l'éducation des plus intelligents parmi les jeunes nègres qui pourraient être enlevés aux chasseurs d'esclaves

En arrivant à Berber[1], sir S. Baker trouva le pays en meilleur état que par le passé. Les Arabes commençaient à reconstruire leurs *sanguias* (rigoles d'irrigation), le long des rives fertiles du fleuve. C'était là un des résultats d'une sage réforme faite par le khédive : la division du Soudan en provinces administrées chacune par un gouverneur responsable et ne dépendant plus d'un gouverneur général installé dans une résidence aussi éloignée que Khartoum.

1. Ville du Soudan, sur la rive droite du Nil, en aval du confluent de l'Atbara.

Hussein-Khalifah, le gouverneur actuel de Berber, était le grand cheik arabe qui avait si intelligemment aidé M. Higginbotham à transporter les stations des machines et du steamer, de Korako à Berber, à travers le grand désert de Nubie, sur une distance d'au moins 650 kilomètres. Les Arabes avaient accueilli avec beaucoup de plaisir la nomination d'un homme de leur race aux fonctions de gouverneur.

En partant de Berber pour Souakin[1], sir S. Baker eut la douleur de perdre un de ses excellents Anglais, David Samson. Il déclinait depuis quelque temps ; les écrasantes chaleurs de juillet dans le désert lui portèrent le dernier coup ; il mourut pendant la première journée de marche. Son corps fut porté à Berber, où il fut solennellement enterré dans le cimetière cophte[2].

Sir S. Baker faillit faire naufrage dans la traversée de Souakin à Suez, par suite du mauvais état de la machine du sloop de guerre. On prit un nouveau steamer; celui-ci perdit la barre de son gouvernail pendant une grosse mer et un vent frais du nord. Heureusement, les constructeurs anglais étaient à bord et le lieutenant Baker connaissait bien son métier ; grâce à eux, on évita de se perdre sur un rocher de corail.

Sir S. Baker arriva au Caire[3] le 24 août. Le lendemain, il

1. Ville de Nubie, située en partie dans un îlot du golfe Arabique ou mer Rouge, en partie sur le continent, et renfermant 10 000 habitants. C'est un bon port, fréquenté par les marchands de café d'Arabie et par les trafiquants d'esclaves.

2. Les cophtes ou coptes sont les chrétiens de l'Égypte, de la Nubie et de l'Abyssinie; ils descendent des anciens Égyptiens et le nombre en est actuellement très réduit. La langue copte n'est plus guère qu'une langue morte; aujourd'hui, ce peuple parle arabe, quoiqu'on étudie encore le copte, qui sert pour les prières. *Kopt* ou *Koubti* est une altération du nom des Égyptiens tel que le prononçaient les Romains et les Grecs (*Aegypti*, *Aigoupti-oi*).

3. Le Caire, en arabe *Misr-el-Kahira* (la Victorieuse), capitale de l'Égypte, fort embelli par Méhémet-Ali, renferme 350 000 habitants. Fondée en 970 par le général arabe Gohar, lieutenant de Moëz-ed-Daulah, khalife de Bagdad, elle fut prise par les Turcs en 1519, par les Français en 1798, par les Anglais en 1801, et rendue aussitôt à la Turquie.

fut reçu par le khédive, à qui il donna des détails circonstanciés sur le territoire qu'il avait annexé à l'Égypte. En reconnaissance de ses services, Son Altesse lui conféra l'ordre impérial de l'Osmanié de deuxième classe. Avant de partir pour accomplir sa mission, il avait déjà reçu l'ordre du Medjidié, deuxième classe. Le prince donna au lieutenant Baker l'ordre du Medjidié, troisième classe.

Le khédive avait décidé qu'Abou-Saoud serait jugé par un tribunal spécial, composé de Shérif-Pacha, de Nubar-Pacha et d'Ismaïl-Pacha, ministre des finances. Sir S. Baker remit à Nubar-Pacha dix-sept pièces, avec les dépositions, jurées sur le Coran et régulièrement signées, d'Ouat-el-Mek, de Soliman, des cheiks du pays, du major Abdoullah et d'autres, contre Abou-Saoud, qu'elles accusaient de divers crimes, entre autres de celui de haute trahison, pour avoir ordonné à sa compagnie de Fatiko de faire feu sur les troupes du gouvernement.

Sir S. Baker avait également amené quelques-uns des « Quarante-Voleurs », pour témoigner verbalement, avec le lieutenant Baker, le lieutenant-colonel Abd-el-Kader, le capitaine Mohammed-Déi et deux domestiques, Soliman et Mohammed-Haroun. Il demanda à comparaître en personne, comme accusateur d'Abou-Saoud; mais on le pria de retourner en Angleterre et de laisser l'accusé entre les mains des autorités, le khédive se refusant à le traduire devant les tribunaux ordinaires.

Abd-el-Kader fut promu kaïmakam (colonel) et Mohammed Déi saccolossi (chef de bataillon). Les mécaniciens et ouvriers anglais reçurent chacun une gratification d'un mois de solde.

Après un séjour de six semaines en Égypte, sir S. Baker prit enfin congé du khédive, qui n'avait cessé de lui témoigner autant de courtoisie que de bienveillance.

CHAPITRE VIII

Conclusion.

Après le départ de sir S. Baker, Abou-Saoud fut mis en liberté et, bien plus, le gouvernement en a fait le bras droit du colonel Gordon, son successeur.

Les pages qui précèdent suffisent pour donner au lecteur une idée exacte de l'état où en est la question de la traite dans l'Afrique centrale. On a vu que, dès le principe, et conformément à son firman, sir S. Baker avait ouvertement combattu ce trafic infâme, tout en ménageant la position ambiguë des trafiquants du Nil Blanc, fermiers effectifs du gouvernement. Ainsi, jamais il n'avait visité l'intérieur de leurs campements, jamais il n'avait troublé leurs stations; mais il avertissait journellement les vakils, et surtout il leur interdisait rigoureusement de faire du fleuve le grand chemin du commerce des esclaves.

En 1870, pendant son séjour à Tioufikyah, il supprima complètement le trafic fluvial; mais le fait d'avoir capturé trois navires avec 700 esclaves appartenant à Abou-Saoud, à la fin de son expédition et lors de son retour à Khartoum, est une preuve évidente de la complicité de certains agents du khédive.

Tandis qu'il s'efforçait de faire son devoir, ceux-là même qui avaient mission de lui venir en aide soutenaient les chasseurs d'esclaves. A moins de secrète connivence avec ces agents, nul n'aurait osé tenter le passage du fleuve devant Fachoda, station du gouvernement, gardée par deux régiments et pouvant disposer de deux steamers.

Toutefois l'intervention personnelle de sir S. Baker a rendu impraticable la traite sur le Nil Blanc, au moins tant que le voudra le gouvernement.

Mais le gouvernement, paraît-il, ne l'a pas voulu, puisqu'il a innocenté Abou-Saoud.

La mise en liberté de cet odieux personnage ne fut connue à sir S. Baker qu'au moment où il finissait d'écrire le présent ouvrage. On juge de l'étonnement qu'il en éprouva.

Laissons-lui la parole.

« Il est impossible de fermer les yeux sur l'appui ouvertement donné aux chasseurs d'esclaves. *tous sujets et fermiers du gouvernement.*

« L'expédition placée sous mon commandement avait pour objet principal la suppression des compagnies arabes, investies du droit de commerce dans l'Afrique centrale. Ce droit, elles l'avaient acquis, à beaux deniers comptants, au moyen d'une rente annuelle, payée au gouverneur général du Soudan. Il en résultait que l'État participait à des bénéfices illégaux.

« Et, en vertu de mon firman, signé par le khédive, je devais annexer un pays affermé, supprimer la traite et accomplir ainsi la ruine des fermiers du gouvernement. Anomalie étrange autant qu'incompréhensible !

« Depuis mon départ, la traite du Nil Blanc a repris son cours, ce qui prouve qu'en dépit des ordres du khédive, les autorités sont décidées à la maintenir.

« Je disais en 1866 que l'Égypte favorisait l'esclavage et que je n'avais pas rencontré un seul agent du gouvernement qui ne soutînt que cette institution était absolument nécessaire au pays. Ce que j'écrivais en 1866, je suis, à mon grand regret, obligé de le confirmer en 1874. »

Les relations étroites qui unissaient l'administration du

Soudan à Abou-Saoud apparaissent dès les premières pages du livre de sir S. Baker; on les voit tous deux se partager les bénéfices provenant du pillage d'un pays indépendant, *l'Égypte n'ayant nul droit sur les régions arrosées par le Nil Blanc au delà du pays des Chillouks.*

Puis on a vu le négrier arrivant à Gondokoro avec 1400 têtes de bétail, enlevées par lui à la tribu des Chirs, au mépris de l'autorité de sir S. Baker, acte qui eut pour conséquence le massacre des soldats détachés par lui à la station du Chir.

Vient ensuite la saisie de trois navires appartenant à Abou-Saoud, portant 700 esclaves et se rendant à la station de Bohr *vers Khartoum.*

On sait enfin que, malgré l'assurance donnée par le khédive et par Nubar-Pacha qu'Abou-Saoud passerait en jugement, sur les accusations formulées par sir S. Baker, l'esclavagiste a été mis en liberté et même pourvu d'un emploi dans l'expédition actuelle.

Peut-être succèdera-t-il au colonel Gordon dans le commandement de cette expédition ayant pour objet *la suppression* de la traite. Le gouvernement a besoin de troupes noires pour ses cadres. Le territoire annexé a donné au khédive quelques millions de sujets nouveaux qu'atteindra la loi sur la conscription; Abou-Saoud fera un excellent officier de recrutement, le rapt des esclaves ayant été pour lui le plus utile des apprentissages.

L'appui donné à Abou-Saoud, son élévation définitive à un poste important, suffisent pour établir la complicité des agents du gouvernement, en ce qui concerne le commerce des esclaves.

Le 8 octobre 1871, sir S. Baker écrivit au khédive et à son ministre, Shérif-Pacha, pour dénoncer le vol de bestiaux commis par Abou-Saoud chez les Chirs, l'achat d'esclaves fait par ses officiers et la conspiration ourdie par ces derniers dans le but d'abandonner l'expédition.

Non seulement aucune réponse ne fut faite à ces importantes dépêches, mais encore, pendant toute la durée de son voyage, sir S. Baker ne reçut aucune communication écrite, soit du khédive, soit de ses ministres. On laissait passer inaperçus les actes de piraterie d'Abou-Saoud, aussi bien que la mutinerie des officiers.

Les extraits suivants du remarquable ouvrage du docteur Schweinfurth[1] jettent une vive lumière sur les sentiments qu'éprouvèrent les autorités en voyant sir S. Baker interpréter à la lettre les ordres du khédive relatifs à la suppression de la traite.

« Le mauvais vouloir et la rage continue des hautes autorités contre l'intervention de sir Samuel Baker s'étendent jusqu'aux moins réfractaires des agents inférieurs. A Fachoda et même à Khartoum, j'ai entendu formuler contre nous (les Francs) les plaintes les plus amères. Nous étions, disait-on, la principale cause de tous les embarras ; sans nos continuelles instances, jamais le vice-roi n'eût pris des mesures semblables...

« Quoique sir S. Baker se trouvât encore sur le haut Nil, on était convaincu que, dès que « le pacha anglais » aurait tourné le dos à Fachoda (station du gouvernement dans le pays des Chillouks), le moudir (gouverneur) se hâterait de reprendre ses anciennes habitudes, lèverait une somme ronde par tête d'esclave et laisserait passer, sans mot dire, la marchandise de contrebande. Mais, une fois par hasard, ces gens-là comptaient sans leur hôte. Le moudir, vertement réprimandé par Baker, crut devoir, pour la présente année au moins, se déclarer ouvertement et agir avec énergie contre le commerce prohibé...

« Sachant que sir S. Baker était sur le haut Nil, j'étais convaincu que sa présence aurait pour effet d'obliger le gouver-

1. *Au cœur de l'Afrique* (1866-1871). Paris, Hachette et Cie.

neur à prendre des mesures radicales contre l'importation des esclaves...

« Avant que l'expédition de sir Samuel Baker l'eût enrayée, la traite des esclaves, en aval du fleuve, n'était rien en comparaison de ce qui se passait dans l'intérieur. Depuis des années, l'introduction des esclaves à Khartoum, par le bas Nil, était interdite; mais les mesures répressives, itérativement édictées, n'eurent d'autre effet que de développer la traite par terre. Règle générale, les agents égyptiens favorisent l'usage de cette voie commerciale, relativement peu importante, et empochent tranquillement une capitation[1] de 10 à 25 francs, la prime du silence. Cette source de revenus illicites a été arrêtée par l'expédition de sir Samuel Baker...

« Déjà sir Samuel Baker a commencé à purger les eaux du haut Nil; en capturant tous les bâtiments négriers qu'il rencontrait, il n'a laissé aucun doute sur l'énergie avec laquelle il poursuit son but...

« On assure que les Dinkas, qui occupent de grands villages, à une certaine distance de la rive orientale du fleuve, fournissaient, à cette époque, un inépuisable approvisionnement d'esclaves aux maraudeurs de la garnison de Fachoda. En 1870, Baker mit un terme à ces actes de piraterie, dont le bruit s'était répandu jusque chez les tribus les plus lointaines. »

Le témoignage d'un voyageur aussi consciencieux que le docteur Schweinfurth doit être d'un grand poids sur l'opinion publique. Il se trouvait dans les districts occidentaux du Nil au moment où sir S. Baker y était lui-même activement occupé; il a donc eu, maintes fois, l'occasion de constater les résultats de son intervention, ainsi que l'opposition dont elle était l'objet de la part des autorités. Seulement, il ne semble pas avoir apprécié à sa juste valeur la traite du fleuve dont

1. Impôt par tête.

le développement est suffisamment démontré par le fait des 700 esclaves chargés sur trois navires appartenant à Abou-Saoud.

Le Kordofan[1] a toujours été sillonné de voies esclavagistes parfaitement connues. Ces voies devinrent d'une importance capitale quand sir S. Baker eut rendu impossible la traite par le fleuve.

« J'en ai dit assez (c'est sir S. Baker qui parle) sur le commerce des esclaves. Certainement le khédive était sincère quand il me donna l'ordre de supprimer ce trafic inhumain. Quant à moi, j'ai fait mon devoir, tout en usant de la plus grande modération envers les bandits, fermiers du gouvernement du Soudan.

« J'ai une foi profonde dans les intentions philanthropiques du khédive et dans son désir d'abolir la traite. Mais je crois aussi qu'il lui faut un courage plus qu'ordinaire pour lutter contre l'opinion publique du pays.

« L'occasion se présentait de faire preuve de cette énergie si nécessaire à un chef d'État. Il l'a laissée échapper.

« Abou-Saoud est l'incarnation du commerce des esclaves. J'avais demandé qu'il fût jugé au Caire, en ma présence, devant le tribunal public des medjildis. Le khédive s'y est refusé, offrant de déférer la cause à un tribunal spécial et direct... Et non seulement le plus notable des négriers n'a pas reçu la punition que méritaient ses forfaits, mais encore IL EN A ÉTÉ RÉCOMPENSÉ ! »

1. Le Kordofan a pour capitale El-Obéid. Les habitants sont noirs et professent le mahométisme.

FIN

APPENDICE

CONSIDÉRATIONS GÉNÉRALES

SUR LES RÉSULTATS DE L'EXPÉDITION

La traite des esclaves, cette plaie de l'Afrique centrale, ne cessera que lorsque auront été expulsés du pays tout entier les trafiquants ou fermiers du Nil Blanc. Alors le gouvernement égyptien entrera en possession du monopole de l'ivoire, et en peu d'années les indigènes auront repris confiance.

Tant qu'il sera permis aux soi-disant négociants de Khartoum de se constituer en société de pirates dans le bassin du Nil, la traite continuera, non pour le Nil Blanc, frappé d'interdiction, mais pour le Darfour et le Kordofan.

Les compagnies du Nil une fois dissoutes, les chasseurs d'esclaves qui en font partie reprendront leurs travaux agricoles dans le Soudan, les ressources du pays s'accroîtront et la prospérité générale grandira tous les jours.

« Il faudrait, dit sir Baker, arrêter le commerce du Nil, empêcher le départ de tout bâtiment se dirigeant de Khartoum vers le sud, et accorder la concession du Nil Blanc à une compagnie soumise à certaines conditions et à un contrôle spécial.

« La suppression de la traite donnerait une immense extension au commerce de l'ivoire; la concurrence étant anéantie, les intérêts du commerce étant représentés par une compagnie unique, les indigènes ne pourraient plus échanger leur ivoire contre des bestiaux seulement et seraient obligés d'accepter d'autres marchandises. Le lac Albert ouvre à la navigation le centre de l'Afrique. Les steamers remontent de Khartoum à Gondokoro, par 4° 55′ de latitude. A sept jours de marche de cette station on rencontre la portion navigable du Nil, d'où les navires peuvent gagner directement le lac Albert.

« Ainsi se trouve ouverte à la navigation une immense étendue de territoire. Les produits des fabriques européennes s'échangeront contre l'ivoire avec un bénéfice fabuleux, l'ivoire, dans ces pays nouvellement découverts, n'ayant qu'une valeur purement nominale.

« L'inauguration d'un commerce honnête est, à l'heure où j'écris, l'unique proposition que je puisse faire, l'ivoire étant le seul produit du pays susceptible de couvrir les frais de transport en Europe.

« Il en sera autrement plus tard, lorsque sera construit le chemin de fer du Caire à Khartoum.

« Si la civilisation de l'Afrique est possible, elle ne saurait être effectuée que par le commerce, qui, une fois établi, ouvrira la voie aux missionnaires. Mais toutes les idées philanthropiques ayant pour objectif la constitution du commerce en Afrique et l'amélioration de la race noire resteront à l'état d'utopie tant que la traite n'aura pas cessé d'exister.

« L'abolition de cet infâme trafic ouvrirait un champ dont je n'ai pas la prétention de fixer l'étendue, l'avenir dépendant surtout de la bonne et équitable administration des contrées jusqu'ici abandonnées à l'anarchie et au désordre. »

Voilà ce qu'écrivait sir Baker dans son précédent ouvrage relatif à sa découverte du lac Albert. Dans l'expédition dont la relation précède, le lecteur a pu voir qu'il a mené à terme le plan conçu et proposé par lui à la fin de son premier voyage.

Les missionnaires profiteront des changements effectués par la suppression de la traite et par l'établissement d'un gouvernement régulier. Leur tâche sera moins ingrate que celle de la mission autrichienne, qui ne porta aucun fruit et dont sir S. Baker trouva les ruines à Gondokoro.

La conviction bien arrêtée de sir S. Baker est qu'il ne serait pas temps encore de chercher à convertir les païens de ces contrées; mais il affirme qu'un homme de cœur rendrait de grands services aux indigènes en vivant au milieu d'eux, en prouvant, par l'exemple, à ces esprits grossiers qu'il y a des gens dont le bonheur consiste à faire du bien à autrui.

Ne serait-ce pas là la meilleure, la plus utile, la plus humanitaire des conversions?

« Les qualités de cet homme dévoué doivent être nombreuses, dit sir S. Baker. Pour forcer l'attention et l'admiration, il faut qu'il excelle comme tireur et comme chasseur; qu'il soit musicien et joue de la cornemuse; que, bon prestidigitateur, il ait nombre de tours dans sa gibecière; qu'il ait une lanterne magique, une machine électrique, un appareil photographique et des images coloriées; qu'il soit bon chirurgien et possède des connaissances générales en médecine; enfin, qu'il soit muni d'un assortiment complet de médicaments, les indigènes professant un profond respect pour l'habileté thérapeutique.

« Un homme en costume complet de montagnard écossais réunira toujours la foule en jouant sur sa cornemuse des airs entraînants, et sera traité par les indigènes avec la plus grande vénération, tandis qu'un archevêque placé à ses côtés passera complètement inaperçu. Il n'aura qu'à mettre tous les psaumes sur des airs gais, et les indigènes apprendront immédiatement à les chanter. Dans l'Afrique centrale les exercices religieux doivent être surtout des exercices musicaux.

« Voilà comment un homme parviendra à se faire aimer là-bas. S'il possède en outre une inépuisable provision de perles, de baguettes de cuivre, de bagues et de boucles d'oreille de bronze, de mouchoirs de couleurs éclatantes, de couvertures rouges et bleues, de miroirs de zinc, de chemises de coton rouge, etc., à donner sans rien exiger en retour, il sera considéré comme un grand homme, et son opinion aura un poids considérable.

« Des connaissances agricoles, un assortiment de graines de légumes et de céréales, des houes en fer, des outils de forgeron et de charpentier, de petites haches, et en plus la faculté de démontrer comment on plante, comment on sème, comment on manœuvre les outils, voilà la meilleure recommandation pour un missionnaire laïque, déterminé à consacrer quelques années de sa vie à l'amélioration physique et morale des indigènes.

« L'Égypte seule peut civiliser l'Afrique du Nil par l'établissement d'un gouvernement régulier. Il lui suffira d'étendre ses frontières jusqu'à l'équateur ; en même temps elle garantira la vie des voyageurs dans ces pays lointains. Cette extension étant aujourd'hui un fait accompli, le centre de l'Afrique est désormais ouvert à la civilisation.

« Le chemin de fer du Caire à Khartoum établira une communication directe entre la capitale de l'Égypte et l'Afrique équatoriale ; il ouvrira des régions éminemment propres à la culture du coton, du sucre, du café et autres produits tropicaux ; et les indigènes, sûrs de ne pas être arrachés à leurs foyers, comprendront les bienfaits de l'industrie comme ils comprennent déjà ceux de la paix.

« Les plus graves difficultés d'une entreprise résident, on le sait, dans son point de départ ; les difficultés surmontées, l'œuvre va d'elle-même avec de la patience et de la persévérance. La civilisation ne peut s'introduire dans l'Afrique équatoriale que peu à peu et avec une sage lenteur ; ceux qui se dévouent à cette tâche ingrate en apparence ne doivent reculer devant aucun obstacle.

« C'est à cette œuvre que j'ai travaillé pendant mes neuf

années de séjour en Afrique, et j'ai la confiance d'avoir contribué à la propagation d'un grand principe, lequel se résume dans un seul mot : Liberté ! »

Après avoir rendu un juste tribut d'éloges à tous les membres de l'expédition, officiers, soldats, mécaniciens, et ouvriers, sir S. Baker poursuit ainsi :

« Moi et toutes les personnes attachées à l'expédition, nous devons reconnaître les services de ma femme, qui prit soin des malades quand nous manquions de médecins et qui, par ses douces attentions, ne cessa de raffermir le courage de nos hommes.

« Pendant quatorze mois, sur un effectif de 212 officiers et soldats, non compris les domestiques et les suivants, *je ne perdis qu'un seul homme par suite de maladie*, et encore cet homme se trouvait-il détaché dans une station éloignée.

« Dans les moments de doute et d'anxiété, ma femme s'est toujours montrée aussi sage que prudente ; les succès que j'ai obtenus pendant neuf longues années passées en Afrique, je les dois en grande partie à cette compagne dévouée.

« Les fondements d'un brillant avenir sont posés ; une partie de la race africaine, exclue jusqu'ici de l'histoire du monde, est mise en contact avec des races supérieures ; un commerce régulier est inauguré, et le commerce est à bon droit considéré comme l'un des plus puissants agents de la civilisation.

« Des postes fortifiés se suivent jusqu'à deux degrés de l'équateur. L'alliance avec Mtésé, roi de l'Ouganda, m'a permis de communiquer avec l'Ounyanyembé et de recevoir de ce pays lointain une réponse accompagnée d'un magnifique présent d'ivoire ; lettre et présent arrivés après mon départ et reçus par le colonel Gordon, ainsi que j'en ai été informé par une lettre de ce dernier.

« La nomination du colonel Gordon prouve que le gouvernement égyptien est déterminé à poursuivre l'œuvre commencée sous d'aussi rudes épreuves. Le Nil est ouvert à la navigation. Si, au prix des difficultés sans nombre que j'ai rencontrées et vaincues, j'ai réussi à aplanir la voie à mon habile et énergique successeur, je me trouve suffisamment récompensé.

« Ma confiance dans l'aide de la Providence est restée inébranlable; aussi ne m'a-t-elle jamais manqué. Nous avons échappé à la maladie, aux miasmes pestilentiels, à la trahison; dans les rencontres à ciel ouvert, nous avons toujours eu l'avantage. A la fin de l'expédition toute opposition était brisée; la guerre et l'insubordination avaient fait place à l'ordre et à la discipline. Un gouvernement paternel a étendu sa protection sur des contrées jusque-là désolées par l'anarchie et l'esclavage. Le territoire placé sous mon autorité est délivré de la traite. Les indigènes de la grande tribu des Shoulis, débarrassés de leurs oppresseurs, se serrent sous l'égide du khédive. Sur une étendue de 2600 kilomètres, de Khartoum à l'Afrique équatoriale, le Nil Blanc est pur maintenant de l'abominable trafic qui souillait ses eaux depuis tant d'années. »

Quand il écrivait ces lignes, sir S. Baker ignorait que le déterminé négrier Abou-Saoud était rentré en grâce auprès du gouvernement égyptien, assez aveugle, de plus, pour lui donner une mission de confiance.

GÉOGRAPHIE

« Il y a plusieurs années, dit sir S. Baker, étant à Magongo sur le lac Albert, je ne pus croire, tout d'abord, que l'entrée du Nil Victoria, embarrassée comme elle l'était par des masses de végétation dans une eau dormante en apparence, fût véritablement la source de ce grand fleuve. Plus tard une navigation à travers les marécages lacustres du Bahr Girafe a fortifié ma conviction sur l'extrême difficulté de décider s'il existe ou non une communication entre le lac Albert et le lac Tanganika[1].

« Je crois que le Loualaba de Livingstone ne peut être compris dans le bassin du Nil. D'après l'illustre voyageur le niveau du Tanganika serait inférieur de 22 mètres au niveau du lac Albert. Avec les mêmes instruments il a trouvé que l'altitude du lac Albert était supérieure à celle du Loualaba. Cette rivière ne saurait donc s'écouler dans le lac.

« Réfractaire comme je le suis à toute théorie non confirmée par l'expérience, je n'affirme pas que le Loualaba est une des sources du Congo, mais je puis dire que si les altitudes relevées par Livingstone sont correctes, il est impossible que cette rivière tombe dans le Nil[2].

« La découverte par le docteur Schweinfurth de la rivière Ouellé coulant dans la direction du nord-ouest, entre le troisième et le quatrième degré de latitude nord, prouve clairement qu'aucune rivière ne pourrait courir du sud au nord-est vers le bassin du Nil, sans couper l'Ouellé.

« Mon ami Djiaffer-pacha, amiral dans la flotte égyptienne, ancien gouverneur du Soudan et géographe distingué, pense que les sources du Nil ne peuvent se trouver au sud de l'équateur.

« Les raisons sur lesquelles s'appuie cette conviction, il les a un jour développées, en ma présence, devant un auditoire de beys.

« S'imaginer, disait-il, que les sources du Nil sont au sud de l'équateur, c'est une idée que doit repousser le plus simple bon sens. Et cependant il y a des gens tellement opiniâtres,

1. Il n'en existe aucune, ainsi que l'ont démontré de récentes découvertes.

2. C'est très juste. Le déversoir du lac Tanganika est la rivière Loukonga, découverte par le lieutenant Cameron. Cettre rivière, qui coule à l'ouest, va gagner le Loualaba livingstonien. Ce dernier cours d'eau, qui a toutes les dimensions d'un grand fleuve, est le Congo supérieur; Stanley l'a descendu jusqu'à son embouchure dans l'océan Atlantique.

qu'en dépit de tout ils persistent dans leur croyance. Je vais vous prouver, mes amis, que cette théorie est le résultat de l'ignorance. Vous savez tous ce que c'est qu'un globe, n'est-ce pas ? »

« Hélas ! jamais aucun de ses auditeurs n'en avait vu... Un profond silence suivit cette question.

« Eh bien ! un globe est une boule reproduisant la forme de la terre. Prenez une de ces boules et tracez une ligne à l'entour, exactement au centre. Vous remarquerez qu'à l'entour de cette ligne, ou équateur, il y a deux inclinaisons se dirigeant l'une vers le nord, l'autre vers le sud.

« Vous comprenez parfaitement qu'une rivière ne peut couler de bas en haut. (Mouvements d'attention.) Les sources du Nil ne sont pas au sud de l'équateur ; si elles s'y trouvaient, le fleuve descendrait naturellement vers le sud en suivant l'inclinaison du globe. *Il est impossible que l'eau remonte du sud, traverse l'équateur et de là s'écoule par l'inclinaison septentrionale* pour gagner l'Egypte et la Méditerranée. »

« Les beys émerveillés s'écrièrent : *Sahé !* « C'est vrai ! » et se retirèrent persuadés que leur gouverneur avait le premier découvert ce fait palpable de géographie physique.

« La démonstration de l'amiral suffirait, il me semble, pour nous mettre en garde contre les théories. Mais j'ai une autre autorité à invoquer [1].

« En réalité, dit le docteur Schweinfurth, le Loualaba court dans la direction du nord ; mais Livingstone était manifestement dans l'erreur quand il le prit pour la vraie source du Nil. Cette hypothèse, qui s'appuyait sur l'inexplicable volume d'eau du lac Albert, présentait quelque apparence de raison ; mais elle est absolument détruite par les études faites sur le niveau, la direction et le débouché des autres rivières, spécialement de l'Ouellé. »

1. Le fait étant désormais acquis, la discussion de sir S. Baker perd sa force. Je ne la reproduis que pour laisser au récit toute son originalité.

« Quoique le docteur Schweinfurth fût dépourvu d'instruments astronomiques, on peut avoir d'autant plus de foi dans ses déclarations qu'il n'a rien négligé pour arriver à des conclusions exactes. Je suis complètement de son avis quant au cours de l'Ouellé : cette rivière n'appartient pas au bassin du Nil, elle arrose le versant occidental.

« Dans une lettre du 27 novembre 1870, datée de Bangouélo, le docteur Livingstone s'exprime ainsi :

« Le Tanganika, dont pendant trois mois j'ai suivi le cours majestueux au milieu de lits de conferves et d'autres végétaux, est avec le bas Tanganika, découvert par Baker, un lac fluvial de 32 à 48 kilomètres de large. »

« Il en résulte que pour Livingstone le Tanganika et le lac Albert ne constituent qu'une seule et même nappe d'eau.

« Si le Tanganika n'a pas de déversoir au nord, « le cours majestueux au milieu de conferves » observé par Livingstone dépasse mon entendement.

« Dans une autre lettre datée du même jour (27 novembre 1870) Livingstone dit :

« La grande méprise de Speke fut de chercher à résoudre une vieille question. Quant il découvrit le lac Victoria, il s'imagina tout de suite que là se trouvaient les sources. Mais plus tard, après avoir examiné le lac avec Grant, il changea d'opinion. S'il n'avait pas obéi à une idée préconçue, il aurait pénétré à l'ouest dans la grande vallée et y aurait trouvé de puissants cours d'eau, larges non pas de 70 à 80 mètres, comme leur Nil Blanc, mais de 3500 à 7000 mètres, et partout d'une grande profondeur. »

Cette erreur de Livingstone attribuant au Nil Blanc de Speke, à sa sortie du lac Victoria, une largeur de 70 à 80 mètres, devait à bon droit surprendre sir S. Baker. En effet, à Mrouli, par 1°37′ de latitude nord, il avait constaté que ce magnifique fleuve a au moins 900 mètres de large sur une grande profondeur. Il le parcourut en canot, et dans les endroits les plus resserrés, où naturellement la force du courant augmente, il trouva partout une largeur minimum de 270 mètres.

Son expérience personnelle lui permit donc de soutenir énergiquement que le Nil Victoria a un volume d'eau énorme. Aujourd'hui qu'il est prouvé que le lac Tanganika n'a aucune communication avec le lac Albert, il est certain que le lac Victoria, si intimement lié aux noms de Speke et de Grant, doit être considéré comme le point de départ le plus important de ce grand bassin.

En ce qui concerne l'époque de la hauteur maximum des eaux du lac Albert, l'observation suivante a permis à sir S. Baker de la déterminer.

Dans les premiers jours de novembre 1871, se trouvant sur le Nil au sud de Redgiaf, il remarqua une modification particulière qui se produisit subitement dans les eaux du fleuve. Le voyageur était en ce moment par 4° 38″ au-dessous des dernières cataractes. L'eau était parfaitement claire et libre de toute végétation, avec un courant de 5 à 6 kilomètres à l'heure.

Tout à coup l'eau fut colorée en vert par une immense quantité de plants du *Pistia stratioles* dont pas un n'était entier.

Invariablement cette plante pousse et se développe soit dans l'eau dormante, soit dans le plus paresseux des courants : il n'en existait pas dans la partie du fleuve située sous 4° 38″ de latitude nord.

Au lieu de flotter comme d'habitude à la surface, les plantes roulaient pêle-mêle avec les eaux impétueuses du fleuve. Sir S. Baker en examina un grand nombre et n'y trouva aucune trace de décomposition. Elles avaient été lacérées et brisées par les aspérités des rochers qui forment la série des chutes comprises entre 3° 34″ et 4° 38″ de latitude nord.

Ce passage de plantes broyées, qui dura plusieurs jours, prouve incontestablement l'élévation du niveau du lac Albert.

HALLAGE D'UN STEAMER DANS LES LITS DE CONFERVES ET DE VÉGÉTATION. (P. 199.)

à cette époque de l'année (1er novembre). Le courant, très faible au-dessus des chutes, par 3° 32″ de latitude nord, devient presque imperceptible par 3°, là où le fleuve a une largeur de plusieurs kilomètres. Dans ces parages propices, le *Pistia stratiotes* pullule le long des rives ; la hausse annuelle du lac crée un courant qui entraîne les plantes vers les cataractes et en cause par suite la destruction.

De ce fait sir S. Baker conclut que le lac Albert atteint sa plus grande hauteur pendant le mois de novembre.

LANGAGES

Le tableau synoptique suivant indique les différences ou les rapports qui existent dans les idiomes parlés par les diverses tribus localisées entre Gondokoro et l'équateur.

	LOBORÉ.	BARI.	SHOULI.	OUNYORO.
Une volaille	A-ou.	Chokoré.	Gouéno.	Ounkoko.
Une natte	Gallaca.	Téro.	Kabonné.	—
Farine	Arafoo.	Boló.	Motcha.	Obsano.
Feu	Arsi.	Kimang.	Maï.	Moura.
Eau	Yi.	Fîum.	Pü.	Maïzi.
Lait	Léh.	Léh.	Tchak.	Amattai.
Une vache	Tü.	Kitang.	Diang.	Inté.
Un taureau	Moniko.	Moni.	Tou-an.	—
Un chien	Orké.	Diong.	Gounoah.	—
La pluie	Yi.	Koudou.	Kort.	Idjouré.
Le soleil	Yetakali.	Narlong.	Tschen.	Musanné.
Un chef	Orpi.	Mattat.	Ruort.	Matongali.
Un mouton	Kabilo.	Kabisho.	Ramo.	Imbazi.
Une chèvre	Indrî.	Kiné.	Diall.	Imbazi.
La lune	Imbah.	Yarfah.	Doué.	Quézi.
Les étoiles	Bîbi.	Katchikou.	Lakori.	Nynerzi.
Viande	Isah.	Lokoré	Rengo.	—
Dhurra (blé)	Asih	Kîmak.	Djyah.	—
Un panier	Evoch.	Soudah.	Adoukou.	—
Des perles	Mîoh.	Souksouk.	Tiko.	Oungouanzé
Coracan Eleusine	Loqué.	—	Kaal.	Burroi.

	OUNYORO.		OUNYORO.
Un arbre...........	Bisalé.	Marchez..........	Todjendi.
Bien loin...........	Arrayi.	Halte............	Indyinda.
Près...............	Ayî.	Allez-vous-en.....	Taisa Djenda.
Pas très loin........	Ampî.	Venez ici.........	Igghia.
Une maison........	Engouoi.	Asseyez-vous......	In-karra-hanzé.
Des bananiers.......	Bitoki.	Levez-vous........	Im-moukka.
Des fèves...........	Koli.	Un homme........	Mousegga.
Du beurre..........	Madjita.	Une femme.......	Moukazzé.
Un canot...........	Obouato.	Une fille..........	Miss-souki.
Une pagaie.........	Engayi.	Un garçon........	Oum-ouana.
Une montagne.......	Orsozi.	Un voleur.........	Mousouma.
La terre............	Intaka.	Du poisson.......	Loubari ou Entchoa.
Le ciel.............	Iggohr.	Du bois..........	Biti.
Une route ou un sentier.	Mouhanda.	Des œufs.........	Youli.

ANIMAUX DOMESTIQUES ET SAUVAGES

Les bœufs, les moutons, les volailles existent dans l'Afrique équatoriale à l'état domestique, et les nègres en possèdent d'immenses troupeaux; mais il est impossible d'en faire remonter l'origine à aucun animal sauvage du pays.

Les chiens sont domestiqués et les naturels s'en servent pour la chasse. Ceux de l'Afrique équatoriale, quoique abominablement laids, n'en sont pas moins fort appréciés par leurs maîtres.

Quand sir S. Baker eut expulsé de Fatiko les chasseurs d'esclaves, les chiens de ces derniers, au nombre d'une centaine, restèrent épaves. Après en avoir obtenu la permission, les indigènes les prirent au filet; ils les eurent bientôt dressés à la poursuite des faons d'antilopes et du grand rat des herbes.

Le nègre n'éprouve aucune sympathie pour les petits des animaux. Jamais sir S. Baker ne vit dans les villages ni un quadrupède ni un oiseau privé.

Malgré l'offre de deux vaches pour un jeune éléphant, il ne put jamais en obtenir. Chaque fois qu'on en rencontrait un, on

GRAND RAT DES HERBES.

ANTILOPE NAMSA

HYÈNE.

le massacrait impitoyablement, pour le plaisir de tuer. Un

GENETTE.

BUBALE.

nègre marche toujours avec sa lance et son plus grand plai-

CARACAL.

CHACAL.

sir est de la ficher dans quelque chose, vivant ou inanimé.

Sir S. Baker nous donne la nomenclature des principaux mammifères et oiseaux habitant le pays des Shoulis, avec les

LÉOPARD.

noms que leur appliquent les naturels. Ces noms indigènes sont indiqués entre parenthèses.

Diverses espèces de gazelles et d'antilopes : parmi ces dernières l'antilope nansa (ladjouar) et l'alcélaphe bubale (soura) ;

AUTRUCHE.

le lion (lobohr), le léopard (qouatch), le chien sauvage (orara), l'hyène (lalouba), le caracal (quorra), le chacal (roudi), la genette (gnongé).

Le pays des Shoulis est un des habitats du zèbre; mais cet animal y est rare.

ZÈBRE.

On y trouve aussi, parmi les oiseaux, l'autruche (oudo), la demoiselle de Numidie (oanéno) et le francolin (aouéri).

La rivière Asoua est fréquentée par les hippopotames.

Quant au crocodile, il pullule dans les eaux du Nil, ainsi qu'on l'a vu par la relation de notre voyageur. La gravure ci-jointe reproduit la rencontre d'un de ces amphibies sortant à l'improviste des herbes et tué par les soldats de l'expédition et par les indigènes qui y étaient attachés.

RENCONTRE IMPRÉVUE D'UN CROCODILE.

Sur les rives du Nil on rencontre le *Damalis senegalensis*, magnifique antilope que sir S. Baker prit pour une espèce nouvelle lorsque, pour la première fois, il en tua une sur les bords du Bahr Girafe.

« Au courant de mon expédition, dit-il, je n'ai fait aucune découverte en histoire naturelle. Dans les pays parcourus il n'existe pas un animal qui ne soit parfaitement connu des indigènes avec lesquels j'avais l'habitude de chasser. La seule espèce nouvelle serait peut-être le chien sauvage dcsigné par les Shoulis sous le nom d'orara. »

MALADIES, INFIRMITÉS

La plus commune des maladies dans l'Afrique équatoriale est la petite vérole. Le choléra y apparaît, mais rarement. La dysenterie, endémique[1] dans les vallées, s'arrête dès les premiers contreforts des montagnes. A Gondokoro, elle est presque toujours suivie de mort. On n'y échappe qu'en usant des plus minutieuses précautions et en prenant soin de ne boire que de l'eau parfaitement pure.

Dans les basses terres la fièvre paludéenne ou de marais est également endémique; elle n'éclate que très rarement sur les plateaux de Fatiko et de l'Ounyoro.

La fièvre typhoïde, qui sévit à Khartoum, est inconnue dans l'intérieur du continent africain. Il en est de même de la rougeole, de la fièvre scarlatine, de la coqueluche et du croup.

La cécité purement de vieillesse est de la plus extrême rareté. Jamais S. Baker n'a observé un cas de folie, et il n'a rencontré qu'un seul idiot.

Dans l'Afrique équatoriale le cerveau ne semble être exercé

1. On nomme endémique une maladie qui règne dans un canton et qui a une cause locale.

que comme un simple muscle ; on se garde bien de le fatiguer par des pensées profondes ou des études excessives. Pas de préoccupations commerciales ou parlementaires ; on ne tient pas à *paraître* ni à lutter contre l'ennemi commun : la médiocrité. L'amour ne brise aucun cœur. Les êtres humains de cette partie du monde se contentent de vivre comme des animaux et n'utilisent leurs facultés cérébrales que pour subvenir à leurs besoins de chaque jour. Jamais les femmes n'engendrent d'infirmes ou de monstres, leur organisme se trouvant en harmonie complète avec leur cerveau.

Sir S. Baker ne vit que deux nains. C'était dans l'Ounyoro. L'un d'eux, Kiménya, déjà décrit par Speke, est mort depuis ; l'autre, familier de la cour de Kabba-Réga, se nomme Rakoumba ; à l'âge de 18 ans il mesurait exactement 927 millimètres.

Chez les indigènes de l'Afrique équatoriale les dents sont remarquablement belles. Sur aucun des nombreux crânes qu'il a examinés sir S. Baker n'a trouvé une seule dent gâtée. Dans quelques tribus les naturels s'arrachent les quatre incisives de la mâchoire inférieure ; l'os maxillaire se referme et forme une arête aiguë ressemblant au bec d'une tortue.

ESCLAVES AFFRANCHIS

Peu après son retour à Gondokoro sir S. Baker reçut la visite du père de Coucou, le jeune Bari qui venait de faire avec l'expédition un voyage de plus de 1100 kilomètres. L'indigène eut beaucoup de peine à reconnaître dans cet enfant, qui avait beaucoup grandi pendant dix-huit mois et qui était très proprement vêtu, l'avorton nu et enduit de cendres qu'il avait livré.

« Je constate avec regret, dit sir S. Baker, que non seulement Coucou ne se précipita pas dans les bras de son père, mais qu'il refusa tout d'abord, et énergiquement, de le suivre. Quand on l'y obligea, en enfant prodigue et vagabond qu'il était, il mit ses poings sur ses yeux et pleura à chaudes larmes.

« Pauvre petit Coucou! Il comprenait que ses jours de bonne chère s'envolaient pour jamais! Il exprima sa détermination de s'enfuir et de revenir à nous; mais la maison paternelle se trouvant sur la rive orientale du fleuve, il ne put exécuter son dessein, et nous ne le revîmes plus.

« Les jeunes garçons et les jeunes filles arrachés aux mains des chasseurs d'esclaves, et engagés auprès de nous comme domestiques, furent à la fin de l'expédition placés par moi dans d'honorables maisons au Caire et à Alexandrie. Amarn, le petit Abyssin, dont l'intelligence dépassait celle de tous ses compagnons, demanda instamment à accompagner sa maîtresse en Angleterre; aujourd'hui il fait régulièrement partie de notre domesticité. L'ulcération des jambes dont il avait souffert pendant deux ans en Afrique fut bientôt guérie à Londres, grâce aux bons soins des médecins de l'hôpital Saint-Georges. »

CONSEILS POUR LES VOYAGEURS EN AFRIQUE

« Les indications qui suivent, dit sir S. Baker, sont le résultat d'une expérience chèrement acquise pendant un séjour de neuf années en Afrique. Je les consigne ici dans l'espoir qu'elles pourront profiter aux voyageurs de l'avenir. »

Caisse médicale. — En bois de teck[1], recouverte en zinc, avec bords et coins en cuivre; double garniture au fond, afin de garantir le bois de l'humidité.

1. Grand arbre de la famille des Verbénacées croissant dans l'Inde; son bois, assez léger mais très solide, sert à la construction des vaisseaux et des maisons.

Tout flacon contenu dans cette caisse portera un numéro *gravé* sur le verre et correspondant avec l'index peint à l'intérieur du couvercle, les insectes et l'humidité détruisant rapidement les étiquettes ordinaires, dorées ou en papier.

Les sels de Sedlitz et tous les médicaments gazeux doivent être enfermés dans des flacons à large goulot et bouchés à l'émeri, jamais dans du papier.

Prélarts (toiles pour couvertures). — En vrai mackintosh, aucune autre préparation de caoutchouc ne pouvant résister à la chaleur des tropiques. La toile peinte est préférable à la toile goudronnée, qui adhère quand elle est roulée.

Tous les prélarts doivent avoir au plus un mètre carré et être munis d'œillets métalliques et de solides cordeaux. Plus grands, ils seraient trop lourds.

Bouteilles. — Garnir les bouteilles de vin et de liqueur d'une épaisse calotte de cire. Les capsules de métal sont facilement percées par les blattes, qui dévorent ensuite les bouchons.

Souliers et bottes. — Les souliers sont préférables aux bottines, trop difficiles à chausser. Les semelles, d'une épaisseur moyenne, doivent être garnies de clous pointus. Pour le cheval il faut deux grandes paires de bottes en cuir jaune. Toutes les chaussures doivent être enfermées dans des sacs de toile légère hermétiquement clos, pour les garantir contre les insectes.

Provisions sèches. — Les caisses qui les contiennent doivent être soudées avec le plus grand soin, une soudure défectueuse occasionnant la destruction des biscuits, de la farine, du sagou, du macaroni, etc.

Munitions. — Enfermer celles destinées à l'usage particulier dans des caisses hermétiquement scellées et contenant chacune 100 petites cartouches et 50 grandes.

500 cartouches sniders, dans une boîte de teck soudée à l'étain, pèsent 30 kilogrammes et peuvent être portées par un indigène.

Les fûts en bois ne conviennent pas pour les voyages en Afrique, les petits coléoptères les perforant avec la plus grande facilité. Dans le désert, l'eau doit être transportée dans des petits barils aplatis en fer galvanisé, contenant chacun 45 litres pour chameaux et 36 litres pour mules. La charge ordinaire d'un chameau est de quatre de ces barils.

Vaisselle. — Les assiettes, plats, tasses, soucoupes, etc., doivent être émaillés sur métal.

Casseroles, chaudrons, etc. — En cuivre.

Coupes à boire. — En argent, de la capacité de 56 décilitres ou plus et susceptibles d'entrer l'une dans l'autre.

Rien de meilleur, pour éviter les mouches, qu'un pot avec couvercle muni d'une solide charnière. Malheureusement le couvercle ne résiste pas aux manipulations inconsidérées des domestiques.

Caisses. — On ne saurait trop faire attention à leur confection. Elles doivent être faites du plus solide étain ou de cuivre, revêtues d'une épaisse couche de peinture et munies de serrures en *cuivre* et de cadenas. Une seule clef doit les ouvrir toutes, quand on en aurait mille. Attacher à chaque anse de fer une étiquette en métal, les numéros peints s'effaçant très vite.

Les caisses de sir S. Baker mesuraient 56 centimètres de longueur sur 30 de profondeur et 35 de largeur. Elles se montrèrent complètement défectueuses pendant tout le cours de l'expédition.

Fusils et carabines. — Les choisir à son gré, en s'abstenant rigoureusement des armes anciennes se chargeant par le canon.

Haches. — Les fers de haches, pics, houes, etc., doivent être munis de *trous ovales*, mais *presque* circulaires, destinés à recevoir les manches. Si ceux-ci étaient fixes, quel qu'en fût le modèle, ils seraient brisés par les indigènes.

Chaque soldat doit porter une courte hachette en acier doux, à lame longue mais étroite.

Plumes. — Conserver les plumes du gibier pour en garnir des coussins.

Les grandes pennes de l'aile des oies, outardes, etc., servent à faire des brosses à épousseter, des éventails, des cure-dents, etc.

Fusées de Hale. — Choisir de préférence celles qui éclatent. Elles doivent peser de $1^{kg},400$ à $2^{kg},600$; plus lourdes, le transport en serait difficile.

Lumières bleues. — Il faut qu'elles soient munies de capsules et renfermées dans une solide caisse d'étain divisée en compartiments susceptibles d'en recevoir chacun une douzaine. La nuit, faire placer cette caisse à côté de son lit.

Lampes. — Elles doivent brûler indifféremment de l'huile ou de la chandelle.

Lentilles. — Très utiles quand elles sont de bonne qualité. L'écorce intérieure du figuier, bien battue et séchée au soleil, fait un amadou excellent.

Guêtres ou bas à moustiques. — Larges, en cuir souple et montant jusqu'à l'aine; indispensables quand on se repose le soir.

Articles tannés. — Les tentes, voiles, bannes, filets, lignes, etc., ne résistent au climat d'Afrique que s'ils sont tannés.

Papier. — N'employer pour carnets, albums, etc., que du papier teinté, afin d'éviter les éblouissements, très fréquents et très pénibles quand on écrit ou dessine en plein air sur du papier blanc.

Graines. — Les enfermer dans des sacs de papier brun cousus sur toile; ces sacs ne doivent jamais être *hermétiquement clos.*

Sang. — Ne pas le perdre quand la viande est rare. Si l'on est bien loin du campement, nettoyer avec soin le gros intestin d'un animal; liée aux deux extrémités, cette espèce de sac peut contenir une grande quantité de sang.

Poisson. — On peut le conserver sans sel, en le fumant. Aussitôt après la pêche, le fendre de la tête à la queue, par le *dos*, non par le *ventre*, et le fumer immédiatement. Avec quatre bâtons fourchus supportant deux perches parallèles reliées l'une à l'autre par des baguettes croisées, on construit une claie d'environ un mètre de hauteur sous laquelle on établit le foyer. C'est ainsi qu'à la chasse les indigènes font leurs conserves de poisson et de gibier.

Sel. — Quand il est efflorescent, c'est-à-dire à la surface du sol, le gratter avec une cuillère ou une coquille et le recueillir, en ayant soin de ne ramasser qu'aussi peu de sable que possible. Pratiquer dans le fond d'un grand pot de terre un trou de douze centimètres carrés que l'on recouvre d'un mince matelas de paille, puis remplir le pot avec le mélange de sel et de sable. Verser lentement de l'eau et laisser filtrer. Faire bouillir le produit jusqu'à évaporation complète de l'eau. Répandre sur un drap le sel obtenu et le faire sécher au soleil.

Potasse. — Si le sel fait défaut, traiter comme il est dit ci-dessus les cendres de bois et d'herbes.

Huile. — Griller, comme on fait pour le café, toutes les graines de noix oléagineuses; les écraser ensuite sur une pierre plate et les placer sur le feu, dans un vase plein d'eau. Laisser bouillir et écumer l'huile qui surnage. On n'obtient de l'huile que si les graines ou les noix ont été préalablement grillées.

Béquilles. — Pour façonner des béquilles provisoires, pendant une expédition, choisir des branches droites, naturellement fourchues. Les couper de la dimension voulue et fixer en travers de la fourche un petit morceau de bois entouré de chiffons.

C'est grâce à ce procédé que sir S. Baker put emmener tous ses blessés en quittant Masindi.

Tamarins. — Ne jamais manquer, quand cela est possible,

de recueillir cet excellent fruit. Enlever les coquilles et amalgamer les pulpes en les pressant de façon à en former des mottes d'un kilogramme chacune.

Ainsi préparé, le tamarin se conserve pendant plusieurs mois. Fébrifuge par excellence, rafraîchissant à froid, sudorifique à chaud, il est apéritif quand on en prend en quantité.

FIN DE L'APPENDICE

TABLE DES GRAVURES

CARTE

FIN DE LA TABLE DES GRAVURES

TABLE DES MATIÈRES

FIN DE LA TABLE DES MATIÈRES

3880.— Imprimeries réunies B, rue Mignon, 2.

MOTTEROZ, Adm.-Direct. des Imprimeries réunies, B, Puteaux.

www.ingramcontent.com/pod-product-compliance
Ingram Content Group UK Ltd.
Pitfield, Milton Keynes, MK11 3LW, UK
UKHW031838260826
14628UKWH00001B/465

9 782012 959712